# Charles Dickens

# The Adventures of Oliver Twist

## Stufe B1 mit Englisch-deutscher Übersetzung

Vereinfachte und gekürzte Fassung

von Adelina Brant

LANGUAGE
PRACTICE
PUBLISHING

**Impressum**

The Adventures of Oliver Twist
von Charles Dickens, verfasst von Adelina Brant
Audiodateien von Audiolego
Gestufte Englische Lesebücher, Band 20
Homepage www.audiolego.com
Images by Freepik and Canstockphoto
© 2022 Audiolego
Übersetzt und komponiert von: Adelina Brant
Lektorat und illustriert von: Vadym Zubakhin
Sprache der Originalausgabe: Englisch
Alle Rechte vorbehalten. Das Werk ist urheberrechtlich geschützt.

# Table of contents
## Inhaltsverzeichnis


**Wiedergabegeschwindigkeit der Audiodateien** ...................................................... 5

**Chapter 1 Oliver's Birth** ............................................................... 6

**Chapter 2 Early Years** ................................................................ 8

**Chapter 3 Oliver Asks for More** ................................................. 15

**Chapter 4 Mr. Gamfield** ............................................................ 20

**Chapter 5 Oliver's New Home** ................................................... 25

**Chapter 6 Noah** ........................................................................ 28

**Chapter 7 Noah Fetches Mr. Bumble** ....................................... 32

**Chapter 8 Good-bye to Dick** ..................................................... 37

**Chapter 9 Oliver Walks to London** ........................................... 41

**Chapter 10 The Artful Dodger** .................................................. 44

**Chapter 11 The Old Man's House** ............................................. 48

**Chapter 12 Odd Games** ............................................................ 52

**Chapter 13 Out for a Walk** ........................................................ 57

**Chapter 14 A Good Friend for Oliver** ........................................ 62

**Chapter 15 Oliver Goes to the Bookstall** .................................. 66

**Chapter 16 Nancy and Sikes Find Oliver** .................................. 69

**Chapter 17 Back to Fagin** .......................................................... 74

**Chapter 18 Five Guineas Reward** .............................................. 85

**Chapter 19 Sad Hearts** .............................................................. 90

**Chapter 20 Oliver Is Delivered Over to Sikes** ........................... 94

**Chapter 21 On the Road** .......................................................... 102

**Chapter 22 The Burglary** .......................................................... 105

**Chapter 23 Pursued!** ............................................................... 110

**Chapter 24 Who Is Afraid?** ...................................................... 114

**Chapter 25 Alone** ...................................................................... 117

**Chapter 26 Oliver Is Captured** ................................................ 119

**Chapter 27 New Friends for Oliver** ......................................... 121

**Chapter 28 A Happy Time for Oliver** ...................................... 124

**Chapter 29 A Happy Meeting** .................................................. 128

**Chapter 30 Monks** .................................................................... 131

**Closing Words** .......................................................................... 135

# Wiedergabegeschwindigkeit der Audiodateien

Das Buch ist mit den Audiodateien ausgestattet. Mithilfe von QR-Codes kann man im Handumdrehen eine Audiodatei aufrufen, ohne Webadressen manuell eingeben. Öffnen Sie einfach ihre Kamera-App und halten ihr Smartphone über den gedruckten QR-Code. Ihr Smartphone erkennt was sich hinter dem Code verbirgt und bittet Sie dem eingescannten Audiodateilink zu folgen. Es ist empfehlenswert, den VLC-Mediaplayer zu verwenden, die Software, die zur Steuerung der Wiedergabegeschwindigkeit der Audiodateien verwendet werden kann.

# CHAPTER 1

**Die Audiodatei**

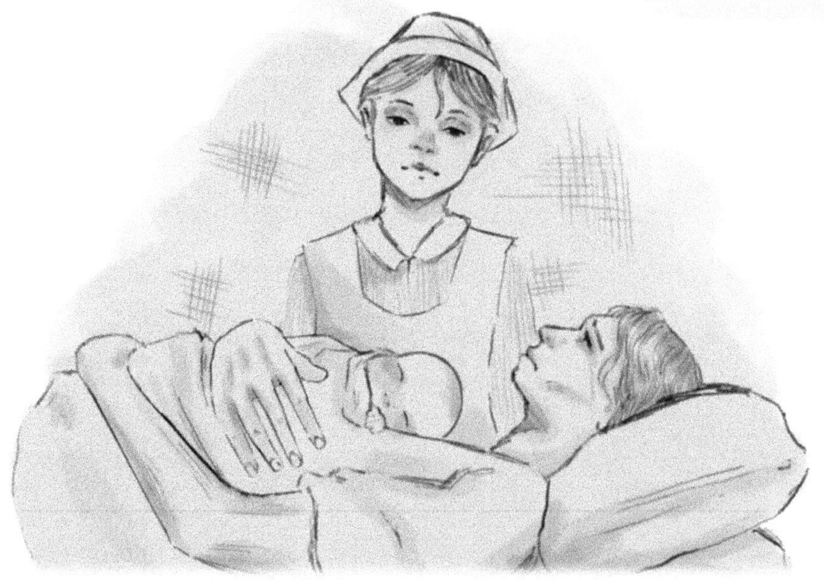

## Oliver's Birth
## Olivers Geburt

Long ago, in a workhouse located in a poor town in England, a little boy was born. He was tiny and pale and struggled for his first few breaths.

"Let me see my child before I die," his mother's frail voice spoke from where she

Vor langer Zeit wurde in einem Arbeiterhaus in einer ärmlichen Stadt in England ein kleiner Junge geboren. Er war winzig und blass und kämpfte um seine ersten paar Atemzüge.

„Lass mich mein Kind sehen, bevor ich sterbe", sprach die schwache Stimme seiner Mutter von dort, wo sie müde und

lay tired and weak as a kitten.

The doctor, sitting by the fireplace, frowned, "You must not talk of dying yet."

The nurse deposited little Oliver in his mother's arm. After a few minutes of holding him dearly to her chest, she fell back to her bed and died.

"Where did she come from?" the doctor said, looking at the poor woman.

"Nobody knows," a nurse replied, "We took her in last night. She was looking all worn-down and almost lifeless. Her feet were wounded and they were bleeding. No one knows where she was heading to." As she spoke, she wrapped the little boy in a cloth, shaking her head sadly at the fate he was inevitably going to suffer.

schwach lag, wie ein Kätzchen.

Der Arzt, der am Kamin saß, runzelte die Stirn: „Sie dürfen noch nicht vom Sterben sprechen."

Die Krankenschwester legte den kleinen Oliver in den Arm seiner Mutter. Nachdem sie ihn ein paar Minuten fest an ihre Brust drückte, fiel sie zurück in ihr Bett und starb.

„Wo kommt sie her?" sagte der Arzt und sah die arme Frau an.

„Niemand weiß es", antwortete eine Krankenschwester, „wir haben sie letzte Nacht aufgenommen. Sie sah völlig erschöpft und fast leblos aus. Ihre Füße waren verletzt und bluteten. Niemand weiß, wohin sie unterwegs war." Während sie sprach, wickelte sie den kleinen Jungen in ein Tuch und schüttelte traurig den Kopf angesichts des Schicksals, das er unweigerlich erleiden würde.

# CHAPTER 2

## Early Years
## Die frühen Jahre

When Oliver was nine months old, he was taken from the workhouse to a baby farm. This baby farm was run by a woman called Mrs. Mann. Mrs. Mann was paid to clothe and feed the twenty-five children under her care in the baby farm. But she kept the money to herself and starved the poor

Als Oliver neun Monate alt war, wurde er vom Arbeiterhaus zu einer Babyfarm gebracht. Diese Babyfarm wurde von einer Frau namens Mrs. Mann geführt. Frau Mann wurde dafür bezahlt, die fünfundzwanzig Kinder, die sie auf der Babyfarm betreute, einzukleiden und zu ernähren. Aber sie behielt das Geld für sich

children. Most times the children went to bed hungry. The only time they got to eat a full course meal was whenever an inspection from the workhouse was coming.

On the day Oliver Twist turned nine, Mr. Bumble paid Mrs. Mann a surprise visit. Mr. Bumble was a beadle at the workhouse. His work was to help children of the workhouse. Mr. Bumble was a fat man. He was wearing a tall hat. He came to the garden gate and tried to open it. But it did not open. Mr. Bumble was trying to open the gate for a minute or two when Mrs. Mann noticed him and came running.

"Is that you, Mr. Bumble, sir?" Mrs. Mann said. "The gate was locked from inside because of children. Walk in, sir, please!"

und ließ die armen Kinder hungern. Meistens gingen die Kinder hungrig ins Bett. Das einzige Mal, dass sie ein komplettes Menü zu sich nehmen durften, war, wenn eine Inspektion aus dem Arbeiterhaus anstand.

An dem Tag, an dem Oliver Twist neun Jahre alt wurde, stattete Mr. Bumble Mrs. Mann einen Überraschungsbesuch ab. Mr. Bumble war ein Büttel im Arbeiterhaus. Seine Arbeit bestand darin, Kindern des Arbeiterhauses zu helfen. Mr. Bumble war ein dicker Mann. Er trug einen großen Hut. Er kam zum Gartentor und versuchte, es zu öffnen. Aber es öffnete sich nicht. Mr. Bumble versuchte ein oder zwei Minuten lang, das Tor zu öffnen, als Mrs. Mann ihn bemerkte und angerannt kam.

„Sind Sie das, Mr. Bumble, Herr?" sagte Mrs. Mann. „Das Tor war wegen Kindern von innen verschlossen. Treten Sie ein, Herr, bitte!"

But before she finished, Mr. Bumble gave the gate a kick so reasonable that only a beadle can give. The gate opened with crash.

Mr. Bumble wanted to show his importance, so he said: "I was waiting for you too long."

Mrs. Mann led him into a small hall.

"Take a seat, please." She offered Mr. Bumble a chair

Aber bevor sie fertig war, gab Mr. Bumble dem Tor einen so angemessenen Tritt, wie ihn nur ein Büttel geben kann. Das Tor öffnete sich krachend.

Mr. Bumble wollte seine Wichtigkeit zeigen, also sagte er: „Ich habe zu lange auf Sie gewartet."

Mrs. Mann führte ihn in einen kleinen Saal.

„Setzen Sie sich bitte." Sie bot Mr. Bumble einen Stuhl an und

and deposited his tall hat on the table before him. Mr. Bumble looked at his tall hat and smiled. Beadles are men too: he smiled.

"Oliver Twist is nine to-day," Mr. Bumble said. "But we never knew who his real parents were."

Mrs. Mann raised her hands in surprise. "How, then, does he have a name?"

"I named him," Mr. Bumble said. "We name the children in alphabetical order. The child before him was Swubble. Then a T was due. So, I named him Twist. Oliver is too old to stay here. I have come to take him with me back to the workhouse."

Promptly, Mrs. Mann fetched Oliver after giving him a proper wash and presented him to the man.

legte seinen großen Hut vor ihm auf den Tisch. Mr. Bumble sah auf seinen hohen Hut und lächelte. Büttel sind auch Leute: er lächelte.

„Oliver Twist ist heute neun ", sagte Mr. Bumble. „Aber wir haben nie erfahren, wer seine wahren Eltern waren. "

Frau Mann hob überrascht die Hände. „Woher hat er dann einen Namen? "

„Ich habe ihm einen Namen gegeben ", sagte Mr. Bumble. „Wir benennen die Kinder in alphabetischer Reihenfolge. Das Kind vor ihm war Swubble. Dann war ein T fällig. Also, nannte ich ihn Twist. Oliver ist zu alt, um hier zu bleiben. Ich bin gekommen, um ihn mit ins Arbeiterhaus zu nehmen. "

Prompt holte Mrs. Mann Oliver, nachdem sie ihn ordentlich gewaschen hatte, und stellte ihn dem Mann vor.

"Make a bow to the gentleman, Oliver," said Mrs. Mann. Oliver made a bow, which was divided between Mr. Bumble on the chair, and his tall hat on the table.

"Will you follow me to the workhouse, Oliver?" Mr. Bumble asked.

Oliver was excited to be free from the greedy Mrs. Mann. But he did not dare to show it. The woman, who had got behind beadle's chair,

„Verbeuge dich vor dem Herrn, Oliver", sagte Mrs. Mann. Oliver machte eine Verbeugung, die zwischen Mr. Bumble auf dem Stuhl und seinem großen Hut auf dem Tisch aufgeteilt wurde.

„Folgst du mir zum Arbeiterhaus, Oliver?" fragte Herr Bumble.

Oliver war aufgeregt, von der gierigen Mrs. Mann befreit zu sein. Aber er wagte es nicht, es zu zeigen. Die Frau, die sich hinter den Stuhl des Büttels gestellt hatte,

kept throwing glares and shaking her fists in his direction as a threat.

warf ihm andauernd böse Blicke zu und drohte ihm mit geballten Fäusten.

"Will she go with me?" he asked.

"No, she can't," replied Mr. Bumble. "But she'll come and see you sometimes." Although Oliver was glad to be leaving Mrs. Mann, he pretended to be sad because of the constant threats from the woman. Pretending to be moved, she hugged Oliver a lot of times.

„Wird sie mit mir kommen?" er hat gefragt.

„Nein, das kann sie nicht ", antwortete Mr. Bumble. „Aber sie kommt dich manchmal besuchen. " Obwohl Oliver froh war, Frau Mann zu verlassen, tat er wegen der ständigen Drohungen der Frau so, als wäre er traurig. Sie gab vor, gerührt zu sein, und umarmte Oliver viele

She gave him a piece of bread and butter so that he did not look very hungry.

In all the years Oliver had spent on the baby farm, he had never heard a kind word. And yet he burst into tears when he followed Mr. Bumble. The farm was the only home he had ever known.

Male. Sie gab ihm ein Stück Brot und Butter, damit er nicht so hungrig aussah.

In all den Jahren, die Oliver auf der Babyfarm verbracht hatte, hatte er noch nie ein freundliches Wort gehört. Und doch brach er in Tränen aus, als er Mr. Bumble folgte. Die Farm war das einzige Zuhause, das er je kannte.

# CHAPTER 3

## Oliver Asks for More
## Oliver fragt nach mehr

Oliver was immediately brought before the council of the workhouse. The council consisted of several men. They decided straightaway that he should begin work the next day.

Life in the workhouse was hard. The boys were given meal of gruel - watered-down oatmeal. Oliver and the other boys were wild with hunger because they were given too little gruel. Gradually, Oliver and his friends grew used to the starvation.

The boys had their meals in a large stone hall. A copper stove stood at one end of the hall with a fat master constant-

Oliver wurde sofort vor den Rat des Arbeiterhauses gebracht. Der Rat bestand aus mehreren Männern. Sie entschieden sofort, dass er am nächsten Tag mit der Arbeit beginnen sollte.

Das Leben im Arbeiterhaus war hart. Die Jungen bekamen eine Mahlzeit aus Haferbrei – verdünnte Haferflocken. Oliver und die anderen Jungs waren hungrig, weil sie zu wenig Brei bekamen. Allmählich gewöhnten sich Oliver und seine Freunde an den Hunger.

Die Jungen nahmen ihre Mahlzeiten in einer großen Stein-halle ein. An einem Ende der Halle stand ein Kupferofen, in dem ein dicker Meister ständig

ly stirring the gruel in it. The bowls used never needed a wash, as the boys licked them clean.

den Brei rührte. Die benutzten Schalen mussten nie gewaschen werden, da die Jungs sie sauber leckten.

One boy said that he might eat one of the boys at night if he did not get more gruel in his bowl. "Give me more food otherwise I will eat him up," he threatened and pointed to the smallest boy. The other boys be-

Ein Junge sagte, dass er vielleicht nachts einen der Jungen essen würde, wenn er nicht mehr Haferschleim in seine Schüssel bekommen würde. „Gib mir mehr zu essen, sonst fresse ich ihn auf", drohte er und zeigte auf den kleinsten Jungen. Die anderen Jungen glaubten

lieved him and quickly held
a meeting. Oliver was
picked to ask for more food
for that boy. Picking up his
bowl, Oliver approached the
fat master who kept stirring
the gruel on the fire.

ihm und hielten schnell ein Treffen
ab. Oliver wurde ausgewählt, um
mehr Essen für diesen Jungen zu
verlangen. Oliver nahm seine
Schüssel und näherte sich dem fet-
ten Meister, der ständig den Brei auf
dem Feuer rührte.

"Please, sir. I want some
more." he spoke, stretching
out his bowl.

„Bitte, der Herr. Ich will etwas
mehr," sprach er und streckte seine Schale aus.

The man stopped and
looked at him in disbelief.

Der Mann blieb stehen und sah
ihn ungläubig an. Niemand hat

Nobody has ever asked for more than was given to them.

"What did you say?"

"Please, sir. I want some more." Oliver repeated his words hoping his wish would be granted. But the next second he had been taken to Mr. Bumble. Mr. Bumble was horrified at the little boy's wish and quickly presented him to the council.

"This rebel will be hung one day, if he continues this way!" one of the men said. "I know it for sure!"

Oliver was sent into a dark room for a week. A note was hung on the gate outside the next day, offering five pounds to anyone who would take Oliver Twist away from the workhouse.

jemals mehr verlangt, als ihm gegeben wurde.

„Was hast du gesagt?"

„Bitte, der Herr. Ich will etwas mehr." Oliver wiederholte seine Worte in der Hoffnung, dass sein Wunsch erfüllt würde. Aber in der nächsten Sekunde war er zu Mr. Bumble gebracht worden. Mr. Bumble war entsetzt über den Wunsch des kleinen Jungen und stellte ihn schnell dem Rat vor.

„Dieser Rebell wird eines Tages gehängt, wenn er so weitermacht!" sagte einer der Männer. „Ich weiß es genau!"

Oliver wurde für eine Woche in einen dunklen Raum geschickt. Am nächsten Tag wurde draußen am Tor ein Zettel aufgehängt, auf dem jedem, der Oliver Twist aus dem Arbeiterhaus holte, fünf Pfund angeboten wurden.

At nights Oliver covered his eyes with his little hands, hoping to shut out the darkness of the small, dark room. He crouched against the grey cold wall—the only form of comfort he knew. During the day, he cried bitterly. Each day he was brought out in front of the boys and flogged as an example.

Nachts bedeckte Oliver seine Augen mit seinen kleinen Händen, in der Hoffnung, die Dunkelheit des kleinen, dunklen Zimmers ausschließen zu können. Er hockte sich gegen die graue, kalte Wand – die einzige Form von Trost, die er kannte. Tagsüber weinte er bitterlich. Jeden Tag wurde er vor die Jungen geführt und als Beispiel ausgepeitscht.

# CHAPTER 4

# Mr. Gamfield
# Mr. Gamfield

During the second week of Oliver's arrest, Mr. Gamfield, a chimney sweep, saw the note on the gate. He was going along the street past the gate when he saw the note. He hit his donkey on the head to make it stop. Then he came closer and read the note. Mr. Gamfield hit his donkey once more to make it stay in the place and spoke to Mr. Bumble who stood near the gate watching Mr. Gamfield and his donkey.

"I will teach the boy to clear ash from chimneys," said Mr. Gamfield. "I need an apprentice." Mr. Bumble took him into the workhouse and straight to the council.

Während der zweiten Woche von Olivers Gefangenschaft sah Mr. Gamfield, ein Schornsteinfeger, die Notiz am Tor. Er ging die Straße am Tor vorbei, als er den Zettel sah. Er schlug seinem Esel auf den Kopf, damit er anhielt. Dann kam er näher und las die Notiz. Mr. Gamfield schlug noch einmal auf seinen Esel ein, damit er an Ort und Stelle blieb, und sprach mit Mr. Bumble, der in der Nähe des Tors stand und Mr. Gamfield und seinen Esel beobachtete.

„Ich werde dem Jungen beibringen, Schornsteine von Asche zu befreien", sagte Mr. Gamfield. „Ich brauche einen Lehrling." Mr. Bumble brachte ihn ins Arbeiterhaus und direkt zum Rat.

"It's a horrible work," one of the men said almost immediately. After a short conversation, Mr. Gamfield was not permitted to take Oliver Twist.

Mr. Gamfield was angry. Some of the boys he had taken as his apprentice had died. Was this the reason they were against him?

"How about I take him for less? Say, three or four pounds?"

The men nodded their heads. "The boy is yours for three pounds. He is just the boy for you. He does not eat much."

The exchange was decided, and Oliver Twist was brought from his small room. When he was bathed and dressed, he wept with fear.

"No more tears, Oliver," Mr. Bumble said. "You should be thankful. Now, you will have a

„Es ist eine schreckliche Arbeit", sagte einer der Männer fast sofort. Nach einem kurzen Gespräch durfte Mr. Gamfield Oliver Twist nicht mitnehmen.

Herr Gamfield war wütend. Einige der Jungen, die er als Lehrling genommen hatte, waren gestorben. War das der Grund, warum sie gegen ihn waren?

„Wie wäre es, wenn ich ihn für weniger nehme? Sagen wir, drei oder vier Pfund?"

Die Männer nickten mit den Köpfen. „Der Junge gehört dir für drei Pfund. Er ist genau der Junge für dich. Er isst nicht viel."

Der Austausch wurde beschlossen, und Oliver Twist wurde aus seinem kleinen Zimmer geholt. Als er gebadet und angezogen war, weinte er vor Angst.

„Keine Tränen mehr, Oliver", sagte Mr. Bumble. „Du solltest dankbar sein. Jetzt wirst du einen freundlichen Gentleman haben,

kind gentleman who will help you turn into a man."

Oliver sobbed.

On their way to the magistrate, Mr. Bumble warned Oliver to appear cheerful, "You must say you are willing to be a chimney sweep apprentice."

They entered the magistrate room. The magistrate officer, who was an old man, looked at the boy. "He seems happy with the idea of chimney sweeping?"

"He is," Mr. Bumble said giving Oliver a small pinch on his back.

The magistrate officer looked at Mr. Gamfield. "Will you feed him and treat him well?"

Mr. Gamfield nodded.

"You seem to be an honest man," the magistrate officer said as he removed his glasses. If his eyesight had been proper, he would have penetrated the

der dir helfen wird, ein Mann zu werden."

Oliver schluchzte.

Auf dem Weg zum Richter warnte Mr. Bumble Oliver, fröhlich zu erscheinen: „Du musst sagen, dass du bereit bist, ein Schornsteinfegerlehrling zu werden."

Sie betraten das Richterzimmer. Der Amtsrichter, ein alter Mann, sah den Jungen an. „Er scheint glücklich mit der Idee des Schornsteinfegers zu sein?"

„Das ist er", sagte Mr. Bumble und drückte Oliver leicht in den Rücken.

Der Amtsrichter sah Mr. Gamfield an. „Werden Sie ihn ernähren und gut behandeln?"

Mr. Gamfield nickte.

„Sie scheinen ein ehrlicher Mann zu sein", sagte der Amtsrichter, als er seine Brille abnahm. Wenn sein Sehvermögen richtig gewesen wäre, hätte er die

evil soul of Mr. Gamfield.

"I am," Mr. Gamfield said with an ugly look.

"I have no doubt about it," the magistrate officer said. He fixed his glasses firmly on his nose and looked about him for the inkstand.

böse Seele von Mr. Gamfield durchdrungen.

„Das bin ich", sagte Mr. Gamfield mit einem hässlichen Blick.

„Daran habe ich keinen Zweifel", sagte der Amtsrichter. Er setzte seine Brille fest auf die Nase und sah sich nach dem Tintenfaß um.

This was a critical moment of Oliver's fate. If the inkwell had been in front of the old man, he would have dipped his pen into it and signed the pa-

Dies war ein kritischer Moment in Olivers Schicksal. Wenn das Tintenfass vor dem alten Mann gestanden hätte, hätte er seine Feder hinein getaucht und

pers. Oliver would have been hurried off. But since his inkwell was not in front of him, he searched about. That is when his eyes landed on Oliver's frightened face.

"My boy, what's wrong?" the magistrate officer asked.

Oliver burst into tears. He fell onto his knees. Clasping his hands together, he begged them to hit him and send him back to the darkness. Anything but send him with this man. The magistrate officer tore up the papers. No deal was struck. Gamfield was sent away by the magistrate officer and Oliver was brought back to his dark room.

The next morning, the sign was put back at the gate declaring Oliver would go with anyone. And that five pounds would be paid to anybody who would take him.

die Papiere unterschrieben. Oliver wäre davongebracht worden. Aber da sein Tintenfass nicht vor ihm stand, suchte er sich um. In diesem Moment landete sein Blick auf Olivers verängstigtem Gesicht.

„Mein Junge, was ist los?" fragte der Amtsrichter.

Oliver brach in Tränen aus. Er fiel auf die Knie. Er faltete seine Hände zusammen und bat sie, ihn zu schlagen und ihn zurück in die Dunkelheit zu schicken. Alles andere als ihn mit diesem Mann zu schicken. Der Amtsrichter zerriss die Papiere. Es wurde keine Einigung erzielt. Gamfield wurde vom Magistrate Officer weggeschickt und Oliver in seine Dunkelkammer zurückgebracht.

Am nächsten Morgen wurde das Schild wieder am Tor angebracht, auf dem stand, dass Oliver mit jedem gehen würde. Und das fünf Pfund jedem gezahlt werden, der ihn mitnehmen würde.

# CHAPTER 5

## Oliver's New Home
## Olivers neues Zuhause

A few days later, Mr. Sowerberry, the undertaker, inquired about the boy. Mr. Bumble led him to the council, and it was decided that Oliver would be of help to the man.

"You are not allowed to come back to the workhouse or complain," Mr. Bumble told Oliver when he was brought before the council. "If you do so, you'll be sent out to the sea to work."

Oliver was led to his new home and workplace by Mr. Bumble, with a little brown paper bag that hold all Oliver's belongings.

"Here. I have brought the boy," Mr. Bumble said when they entered the undertaker's

Ein paar Tage später erkundigte sich Mr. Sowerberry, der Bestatter, nach dem Jungen. Mr. Bumble führte ihn zum Rat und es wurde entschieden, dass Oliver dem Mann helfen würde.

„Du darfst nicht ins Arbeiterhaus zurückkommen oder dich beschweren", sagte Mr. Bumble zu Oliver, als er vor den Rat gebracht wurde. „Wenn du das tust, wirst du zum Arbeiten aufs Meer geschickt."

Oliver wurde von Mr. Bumble zu seinem neuen Zuhause und Arbeitsplatz geführt, mit einer kleinen braunen Papiertüte, die alle Habseligkeiten von Oliver enthielt.

„Hier. Ich habe den Jungen mitgebracht", sagte Mr. Bumble, als sie den Laden des Bestatters

shop. Oliver made a bow.

"Dear me!" Mrs. Sowerberry exclaimed, "He's so small."

"He's small. But he will grow, Mrs. Sowerberry, he will grow," Mr. Bumble said.

"He is going to eat more than he is worth," the undertaker's wife said as she opened the door to the basement. "Get down there, you bag of bones!" Mrs. Sowerberry pushed Oliver down the flight of stairs into the stone-cold cellar. It was a kitchen.

"Charlotte," Mrs. Sowerberry called the young girl that sat by a table, "Give this boy the food meant for Trip." Trip was their dog. Oliver ate the dog's food without hesitation while Mrs. Sowerberry watched him in a silent horror.

"Have you finished?"

Oliver looked around him.

betraten. Oliver machte eine Verbeugung.

„Ohje!" Mrs. Sowerberry rief: „Er ist so klein."

„Er ist klein. Aber er wird wachsen, Mrs. Sowerberry, er wird wachsen", sagte Mr. Bumble.

„Er wird mehr essen, als er wert ist", sagte die Frau des Bestatters, als sie die Tür zum Keller öffnete. „Komm runter, du Knochensack!" Mrs. Sowerberry schob Oliver die Treppe hinunter in den eiskalten Keller. Es war eine Küche.

„Charlotte", rief Mrs. Sowerberry dem jungen Mädchen zu, das an einem Tisch saß, „geben Sie diesem Jungen das Essen, das für Trip bestimmt ist." Trip war ihr Hund. Oliver aß das Hundefutter ohne zu zögern, während Mrs. Sowerberry ihn mit stillem Entsetzen beobachtete.

„Bist du fertig?"

There was nothing eatable, so he nodded.

"Then come with me," Mrs. Sowerberry said, taking a dirty lamp and leading the way upstairs. "Your bed is under the counter. There are some coffins here. I hope you don't mind it, because you can't sleep anywhere else."

The woman went away. Now the boy was alone in the strange place. He had no friends to care for, or to care for him now. He felt so lonely that his heart was beating heavily.

Oliver sah sich um. Da war nichts Essbares, also nickte er.

„Dann komm mit", sagte Mrs. Sowerberry, nahm eine schmutzige Lampe und ging nach oben. „Dein Bett steht unter der Theke. Hier stehen einige Särge. Ich hoffe, es macht dir nichts aus, denn du kannst nirgendwo anders schlafen."

Die Frau ging weg. Jetzt war der Junge allein an dem fremden Ort. Er hatte keine Freunde, um die er sich kümmern konnte oder die sich jetzt um ihn kümmern konnten. Er fühlte sich so einsam, dass sein Herz heftig schlug.

# CHAPTER 6

## Noah
## Noah

The next day Oliver met Noah Claypole, who also worked for Mr. Sowerberry. Noah was a ten-year-old charity-boy, sent by his mother to a charity school. He was wearing a charity uniform. Everybody looked down on him and called him Charity. But now Noah had the luck to find Oliver because even *Noah* could look down upon Oliver. Noah Claypole did not like to see Oliver in the shop. So Noah treated Oliver as badly as possible. Charlotte treated Oliver the same way because Noah did. And Mrs. Sowerberry was Oliver's enemy because her husband was friendly to him.

Am nächsten Tag traf Oliver Noah Claypole, der ebenfalls für Mr. Sowerberry arbeitete. Noah war ein zehnjähriger Wohltätigkeitsjunge, der von seiner Mutter auf eine Wohltätigkeitsschule geschickt wurde. Er trug eine Wohltätigkeitsuniform. Alle sahen auf ihn herab und nannten ihn Charity. Aber jetzt hatte Noah das Glück, Oliver zu finden, denn selbst Noah konnte auf Oliver herabblicken. Noah Claypole sah Oliver nicht gerne im Laden. Also behandelte Noah Oliver so schlecht wie möglich. Charlotte behandelte Oliver genauso wie Noah. Und Mrs. Sowerberry war Olivers Feindin, weil ihr Mann freundlich zu ihm war.

Eines Abends warteten Noah

One evening Noah and Oliver were waiting for dinner. Noah was bored, so he started tormenting Oliver.

"How's your mother, Oliver?"

"She's dead," replied Oliver. "Don't say anything more about my mother." Oliver's breath hastened. His eyes started to tear.

"What did she die of?" asked Noah smiling.

"A broken heart. That's what the nurses told me." Oliver seemed to be talking to himself. "I think I know what it may mean to die of that." Tears streamed down his face.

"What are you crying about?" Noah asked. "Your mother was a bad woman. You must know that."

"What did you say?" Oliver asked looking quickly at Noah.

und Oliver auf das Abendessen. Noah war gelangweilt, also fing er an, Oliver zu quälen.

„Wie geht es deiner Mutter, Oliver?"

„Sie ist tot", antwortete Oliver. „Sag nichts mehr über meine Mutter." Olivers Atem ging schnell. Seine Augen begannen zu tränen.

„Woran ist sie gestorben?" fragte Noah lächelnd.

„Ein gebrochenes Herz. Das haben mir die Krankenschwestern gesagt." es schien als würde Oliver mit sich selbst reden. „Ich glaube, ich weiß, was es bedeutet, daran zu sterben." Tränen strömten über sein Gesicht.

„Warum weinst du?" fragte Noah. „Deine Mutter war eine schlechte Frau. Du musst das wissen."

„Was hast du gesagt?" fragte Oliver und sah Noah schnell an.

"I said your mother was an evil woman," Noah repeated. "You should be happy she died, or she would surely have ended up in prison—or been hanged."

Red with fury, Oliver jumped up, knocking over his chair. He then grabbed Noah by the throat and shook him. With a heavy blow to the head, Oliver knocked Noah to the ground.

„Ich sagte, deine Mutter war eine böse Frau", wiederholte Noah. „Du solltest froh sein, dass sie gestorben ist, sonst wäre sie sicherlich im Gefängnis gelandet – oder gehängt worden."

Rot vor Wut sprang Oliver auf und warf dabei seinen Stuhl um. Dann packte er Noah am Hals und schüttelte ihn. Mit einem heftigen Schlag auf den Kopf warf Oliver Noah zu Boden.

"Help! He is going to kill me!" Noah screamed, "Oliver

„Hilfe! Er wird mich töten!" Noah schrie: „Oliver ist verrückt

has gone mad!”

Charlotte and Mrs. Sowerberry rushed into the room.

“Oh, you little wretch!” Charlotte screamed as she grabbed Oliver’s arms. Mrs. Sowerberry tried to scratch Oliver’s face while Noah was hitting him from behind. Together they subdued Oliver and dragged the kicking, yelling boy into a closet and locked him inside.

“He can kick down that door in ten-minutes-time. Run and get Mr. Bumble,” Mrs. Sowerberry ordered Noah, “He will know what to do with him.”

geworden!“

Charlotte und Mrs. Sowerberry stürzten ins Zimmer.

„Oh, du kleiner Wicht!“ Charlotte schrie, als sie Olivers Arme packte. Mrs. Sowerberry versuchte, Olivers Gesicht zu kratzen, während Noah ihn von hinten schlug. Gemeinsam überwältigten sie Oliver und zerrten den um sich schlagenden, brüllenden Jungen in einen Schrank und schlossen ihn dort ein.

„Er kann diese Tür in zehn Minuten eintreten. Lauf und hol Mr. Bumble“, befahl Mrs. Sowerberry Noah, „Er wird wissen, was mit ihm zu tun ist.“

# CHAPTER 7

## Noah Fetches Mr. Bumble
## Noah holt Mr. Bumble

Noah took off without his hat, racing through the streets until he reached the workhouse gate. He took a rest about a minute or so. Then he formed a pitiful expression on his face and began to cry:

"Mr. Bumble! Mr. Bumble! Oliver, sir, Oliver!"

"What? What? Has Oliver run away?" Mr. Bumble asked when he saw the young boy standing and crying at the gate.

"No sir! But Oliver has become mad! He tried to kill me! Then he tried to kill Charlotte! Then Missis!"

"What about the master?" Mr Bumble asked the boy. "Did he try to kill him?"

Noah raste ohne Hut los, durch die Straßen, bis er das Tor des Arbeiterhauses erreichte. Er ruhte sich ungefähr eine Minute oder so aus. Dann formte er einen erbärmlichen Gesichtsausdruck und fing an zu weinen:

„Mr. Bumble! Mr. Bumble! Oliver, mein Herr, Oliver!"

„Was? Was? Ist Oliver weggelaufen?" fragte Mr. Bumble, als er den kleinen Jungen am Tor stehen und weinen sah.

„Nein Herr! Aber Oliver ist verrückt geworden! Er hat versucht, mich zu töten! Dann versuchte er, Charlotte zu töten! Dann Missis!"

„Was ist mit dem Meister?" fragte Mr. Bumble den Jungen. „Hat er versucht, ihn zu töten?"

"No, because the master was out, or he would have killed him. He said he wanted to. Mrs. Sowerberry needs you, sir, to come immediately and beat Oliver because the master is out."

Mr. Bumble put on his tall hat and they went quickly. When they arrived at Mr. Sowerberry's home, Oliver was still yelling and kicking at the door. Mr. Bumble got closer to the door and gave it a swift kick himself. "Oliver Twist! Do you know who this is?"

"Yes," replied Oliver.

"Are you afraid of my voice? Are you trembling?" asked Bumble.

"No!" shouted Oliver.

Mr. Bumble stepped back. He looked at Mrs. Sowerberry in surprise. The beadle did not expect this answer from little

„Nein, weil der Meister draußen war, sonst hätte er ihn getötet. Er sagte, er wollte es. Mrs. Sowerberry braucht Sie, Herr, um sofort zu kommen und Oliver zu schlagen, weil der Master draußen ist."

Mr. Bumble setzte seinen großen Hut auf und sie gingen schnell. Als sie bei Mr. Sowerberry ankamen, schrie Oliver immer noch und trat gegen die Tür. Mr. Bumble näherte sich der Tür und trat selbst schnell dagegen. „Oliver Twist! Weißt du, wer hier ist?"

„Ja", antwortete Oliver.

„Hast du Angst vor meiner Stimme? Zitterst du?" fragte Bumble.

„Nein!" schrie Oliver.

Mr. Bumble trat zurück. Überrascht sah er Mrs. Sowerberry an. Der Büttel hatte diese Antwort von dem kleinen bemitleidenswerten Oliver Twist nicht erwar-

pitiful Oliver Twist.

"Oliver is mad," said Mrs. Sowerberry. "No boy in his senses would speak to you that way. He must have gone mad."

"It's not madness," said the beadle. "It's meat!" He frowned at her. "You've overfed him. If you had kept him on gruel, maybe this would never have happened."

Mrs. Sowerberry felt ashamed. "I only fed him what the dog ate."

At that moment, Mr. Sowerberry returned home. On hearing Oliver tried to kill everybody, he opened the door and let Oliver out of the cellar. Oliver's clothes had been torn in the beating he had received. His face was bruised and scratched, and his hair scattered over his forehead.

"Why did you go about bul-

tet.

„Oliver ist verrückt", sagte Mrs. Sowerberry. „Kein Junge, der bei Sinnen ist, würde so mit Ihnen sprechen. Er muss verrückt geworden sein."

„Das ist kein Wahnsinn", sagte der Büttel. „Das ist Fleisch!" Er runzelte die Stirn. „Du hast ihn überfüttert. Wenn du ihn auf Brei gehalten hättest, wäre das vielleicht nie passiert."

Mrs. Sowerberry schämte sich. „Ich habe ihm nur das gefüttert, was der Hund gefressen hat."

In diesem Moment kehrte Mr. Sowerberry nach Hause zurück. Als er hörte, dass Oliver versuchte, alle zu töten, öffnete er die Tür und ließ Oliver aus dem Keller. Olivers Kleidung war durch die Schläge, die er erhalten hatte, zerrissen worden. Sein Gesicht war voller Blutergüsse und Kratzer, und sein Haar war über seine Stirn verstreut.

„Warum hast du alle ge-

lying everyone?" Mr. Sowerberry asked him.

Oliver, still boiling with anger, pointed at Noah, "He called my mother names."

"So what?" Mrs. Sowerberry said, "She deserved what she was called."

"That's a lie!" screamed Oliver.

Mrs. Sowerberry burst into tears and Mr. Sowerberry at once gave Oliver a beating that satisfied her.

Oliver was then sent to the back kitchen. Now, when there were none to see or hear him, he sat down on the floor and, hiding his face in his hands, wept such tears as few so young may ever have cause to pour out before God! He cried silently for a long time there. The boy remained motionless in this attitude. When the can-

mobbt?" Mr. Sowerberry fragte ihn.

Oliver, der immer noch vor Wut kochte, zeigte auf Noah: „Er hat meine Mutter beschimpft."

„Na und?" Mrs. Sowerberry sagte: „Sie hat ihren Namen verdient."

„Das ist eine Lüge!" schrie Oliver.

Mrs. Sowerberry brach in Tränen aus und Mr. Sowerberry verpasste Oliver sofort eine Tracht Prügel, die sie befriedigte.

Oliver wurde dann in die hintere Küche geschickt. Jetzt, als niemand ihn sehen oder hören konnte, setzte er sich auf den Boden und verbarg sein Gesicht in seinen Händen und weinte solche Tränen, wie nur wenige so junge Menschen jemals Grund haben werden, sie vor Gott zu vergießen! Dort weinte er lange stumm. In dieser Haltung verharrte der Junge bewegungslos.

dle was burning low in the socket, he rose to his feet and came to the door. He gently undid the fastenings of the door and looked outside. It was a cold, dark night. The stars seemed, to the boy's eyes, farther from the earth than he had ever seen them before. There was no wind. The shadows thrown by the trees upon the ground looked deathlike, from being so still. Oliver closed the door softly. He then gathered up the few belongings he had, tied them up in the handkerchief he had brought with him, and sat down to wait for the morning light to appear.

Als die Kerze in der Fassung niedrig brannte, stand er auf und kam zur Tür. Er löste vorsichtig die Verschlüsse der Tür und sah nach draußen. Es war eine kalte, dunkle Nacht. Die Sterne schienen dem Jungen weiter von der Erde entfernt zu sein, als er sie je zuvor gesehen hatte. Es gab keinen Wind. Die Schatten, die von den Bäumen auf den Boden geworfen wurden, sahen totenähnlich aus, weil sie so still waren. Oliver schloss leise die Tür. Dann sammelte er seine wenigen Habseligkeiten ein, band sie in das Taschentuch, das er mitgebracht hatte, und setzte sich, um auf das Erscheinen des Morgenlichts zu warten.

# CHAPTER 8

## Good-bye to Dick
## Auf Wiedersehen, Dick

With the first ray of light Oliver again undid the fastenings of the door. One look around, one moment's pause of hesitation, and he had closed it behind him, and was in the open street. He looked to the right and to the left, uncertain where to go. The boy went along a footpath across the fields which led to the road. Oliver remembered well that he had walked beside Mr. Bumble along this same footpath when he took him to the workhouse from the baby farm. His way lay directly in front of the workhouse. His heart beat quickly when he saw the workhouse in the distance. Oliver came closer and peeped into the garden. A child was weeding one of the little beds.

Mit dem ersten Lichtstrahl löste Oliver wieder die Verschlüsse der Tür. Ein Blick in alle Richtungen, ein Moment des Zögerns, und er hatte sie hinter sich geschlossen und stand auf offener Straße. Er blickte nach rechts und nach links, unsicher, wohin er gehen sollte. Der Junge ging einen Fußweg über die Felder, der zur Straße führte. Oliver erinnerte sich gut daran, dass er neben Mr. Bumble denselben Fußweg entlang gegangen war, als er ihn von der Babyfarm zum Arbeiterhaus brachte. Sein Weg lag direkt vor dem Arbeiterhaus. Sein Herz schlug schneller, als er das Arbeiterhaus in der Ferne sah. Oliver kam näher und spähte in den Garten. Ein Kind jäte-

The child raised his pale face and Oliver saw that it was one of his former companions.

His name was Dick. Oliver felt glad to see him, before he went. Though younger than himself, he had been his little friend and playmate. They had been beaten, and starved, and shut up together, many and many times.

te eines der kleinen Bette. Das Kind hob sein blasses Gesicht und Oliver sah, dass es einer seiner ehemaligen Begleiter war.

Sein Name war Dick. Oliver war froh, ihn zu sehen, bevor er ging. Obwohl er jünger war als er selbst, war er sein kleiner Freund und Spielgefährte gewesen. Sie waren viele Male geschlagen, ausgehungert und zusammengesperrt worden.

"Oliver!" cried Dick.

"Hush, Dick!" said Oliver, as the boy ran to the gate

„Oliver!" rief Dick.

„Still, Dick!" sagte Oliver, als der Junge zum Tor lief und seinen dün-

and thrust his thin arm between the rails to greet him.

"Is anyone up?"

"Nobody but me," replied
the child.

"You mustn't say you saw
me, Dick," said Oliver. "I
am running away. They beat
me, Dick; and I am going to
seek my fortune, some long
way off. I don't know
where. How pale you are!"

"I heard the doctor tell
them I was dying," replied
the child with a faint smile.
"I am very glad to see you,
dear; but don't stop, don't
stop!"

"Yes, yes, I will. I just
want to say good-bye to
you," replied Oliver. "I will
see you again, Dick. I know
I will! You will be well and
happy!"

"I hope so," replied the

nen Arm zwischen die Schienen
schob, um ihn zu begrüßen.

„Ist jemand wach?"

„Niemand außer mir", antwortete
das Kind.

„Du darfst nicht sagen, dass du
mich gesehen hast, Dick", sagte
Oliver. „Ich laufe weg. Sie haben
mich geschlagen, Dick; und ich
werde mein Glück suchen, in weiter
Ferne. Ich weiß nicht wo. Wie
bleich du bist!"

„Ich habe gehört, wie der Arzt
ihnen gesagt hat, dass ich sterbe",
antwortete das Kind mit einem
schwachen Lächeln. „Ich freue mich
sehr, dich zu sehen, mein Lieber;
aber hör nicht auf, hör nicht auf!"

„Ja, ja, das werde ich. Ich möchte
mich nur von dir verabschieden",
antwortete Oliver. „Wir sehen uns
wieder, Dick. Ich weiss dass ich das
werde! Du wirst gesund und glücklich sein!"

„Ich hoffe es", antwortete das

child, "after I am dead, but not before. I know the doctor must be right, Oliver, because I dream so much of heaven, and angels, and kind faces that I never see when I am awake. Kiss me," said the child, climbing up the low gate and flinging his little arms round Oliver's neck. "Good-bye, dear! God bless you!"

The blessing was from a young child's lips, but it was the first that Oliver had ever heard invoked upon his head. And through the struggles and sufferings, and troubles and changes, of his life, he never forgot it.

Kind, „nachdem ich tot bin, aber nicht vorher. Ich weiß, dass der Arzt Recht haben muss, Oliver, denn ich träume so viel vom Himmel und Engeln und freundlichen Gesichtern, die ich nie sehe, wenn ich wach bin. Küss mich", sagte das Kind, kletterte auf das niedrige Tor und schlang seine kleinen Arme um Olivers Hals. „Auf Wiedersehen mein Lieber! Gott segne dich!"

Der Segen kam von den Lippen eines kleinen Kindes, aber es war der erste, den Oliver jemals auf seinem Kopf erbeten hörte. Und trotz der Kämpfe und Leiden und Schwierigkeiten und Veränderungen seines Lebens vergaß er es nie.

# CHAPTER 9

## Oliver Walks to London
## Oliver läuft nach London

After walking for more than five hours, he sat down to rest by the side of a milestone, and began to think, for the first time, where he had better go and try to live. The stone by which he was seated had a sign. The sign was saying that it was just seventy

Nachdem er mehr als fünf Stunden gelaufen war, setzte er sich neben einen Meilenstein, um sich auszuruhen, und begann zum ersten Mal darüber nachzudenken, wo er besser hingehen und versuchen sollte zu leben. Der Stein, neben dem er saß, hatte ein Zeichen. Auf dem Schild stand, dass

miles from that spot to London. London! That great large place! Nobody, not even Mr. Bumble, could ever find him there!

Oliver walked twenty miles that day. Oliver travelled with a few shirts, some crumbs of bread, and two pairs of socks in his bundle. He begged for water from one door to another. When the night came he turned into a meadow and decided to lie under a haystack till morning. He felt frightened at first for the wind moaned over the empty fields. He was cold and hungry, and more alone than he had ever felt before. Being very tired with the walk, however, he soon fell asleep and forgot his troubles.

He felt cold when he got up next morning. He had walked no more than twelve

es von dort bis London nur noch siebzig Meilen seien. London! Dieser tolle große Ort! Niemand, nicht einmal Mr. Bumble, könnte ihn jemals dort finden!

Oliver ging an diesem Tag zwanzig Meilen. Oliver reiste mit ein paar Hemden, ein paar Brotkrümeln und zwei Paar Socken in seinem Bündel. Er bat um Wasser von einer Tür zur anderen. Als die Nacht hereinbrach, bog er in eine Wiese ein und beschloss, bis zum Morgen unter einem Heuhaufen zu liegen. Zuerst fürchtete er sich, denn der Wind heulte über die leeren Felder. Ihm war kalt und er war hungrig und er fühlte sich einsamer als jemals zuvor. Da er von dem Marsch sehr müde war, schlief er jedoch bald ein und vergaß seine Sorgen.

Als er am nächsten Morgen aufstand, war ihm kalt. Er war an diesem Tag nicht mehr als zwölf Meilen gelaufen, als die Nacht

miles that day, when night closed in again. His feet were sore, and his legs so weak that they trembled. Another night made him worse. When he set forward on his journey next morning, he could hardly go along.

wieder hereinbrach. Seine Füße waren wund und seine Beine so schwach, dass sie zitterten. Eine weitere Nacht machte ihn noch schwächer. Als er am nächsten Morgen seine Reise antrat, konnte er kaum weitergehen.

# 

# CHAPTER 10

## The Artful Dodger
## Der Atrful Dodger

Early on the seventh morning after he had left his native place, Oliver limped slowly into the little town of Barnet. The sun was rising in all his splendid beauty, but the light only served to show the boy his own loneliness, as he sat, with bleeding feet and covered with dust, upon a cold doorstep.

It was there that he met a boy with a strange look. The boy was about his own age but had the manners and air of a man. The boy wore a man's coat that reached to his heels. His trousers hung off of him.

Früh am siebten Morgen, nachdem er seinen Heimatort verlassen hatte, humpelte Oliver langsam in die kleine Stadt Barnet. Die Sonne ging in all ihrer prächtigen Schönheit auf, aber das Licht diente nur dazu, dem Jungen seine eigene Einsamkeit zu zeigen, als er mit blutenden Füßen und staubbedeckt auf einer kalten Türschwelle saß.

Dort traf er einen Jungen mit einem seltsamen Aussehen. Der Junge war ungefähr in seinem Alter, hatte aber die Manieren und das Auftreten eines Mannes. Der Junge trug einen Männermantel, der ihm bis zu den Fersen reichte. Seine Hose hing ihm herunter.

"Hello!" said the boy to Oliver. "How are you?"

"I am very hungry and tired," replied Oliver. The tears were standing in his eyes as he spoke. "I have walked a long way. I have been walking for seven days."

"Seven days!" said the boy. "You must be hungry then. I will give you some food." He led Oliver to a nearby shop where they dined on ham and bread.

"Going to London?" asked

„Hallo!" sagte der Junge zu Oliver. „Wie geht es dir?"

„Ich bin sehr hungrig und müde", antwortete Oliver. Die Tränen standen ihm in den Augen, als er sprach. „Ich bin einen langen Weg gegangen. Ich bin seit sieben Tagen unterwegs."

„Sieben Tage!" sagte der Junge. „Dann musst du hungrig sein. Ich werde dir etwas zu essen geben." Er führte Oliver zu einem nahe gelegenen Geschäft, wo sie Schinken und Brot aßen.

the strange boy.

"Yes," Oliver replied.

"Have you got any place to stay?"

"No."

"Money?"

"No."

The strange boy whistled and put his arms into his pockets as far as they could go.

"Do you live in London?" Oliver asked.

"I do indeed. Do you need a place to sleep tonight?" the boy said.

"Yes, please," Oliver answered.

"I know a man in London. The man will give you a place to sleep and food if you're with me."

Oliver sighed in relief, he couldn't resist the offer. This led

„Gehst du nach London?" fragte der fremde Junge.

„Ja", antwortete Oliver.

„Hast du eine Unterkunft?"

„Nein."

„Geld?"

„Nein."

Der fremde Junge pfiff und steckte seine Arme so weit wie möglich in die Taschen.

„Lebst du in London?" fragte Oliver.

„Das tue ich in der Tat. Brauchst du heute Nacht einen Schlafplatz?" sagte der Junge.

„Ja, bitte", antwortete Oliver.

„Ich kenne einen Mann in London. Der Mann wird dir einen Platz zum Schlafen und Essen geben, wenn du bei mir bist."

Oliver atmete erleichtert auf, er konnte dem Angebot nicht widerstehen. Dies führte zu ei-

to a more friendly dialogue from which Oliver discovered that his new friend's name was Jack Dawkins, and that among his friends he was better known as 'The Artful Dodger.'

nem freundlicheren Dialog, aus dem Oliver herausfand, dass der Name seines neuen Freundes Jack Dawkins war und dass er unter seinen Freunden besser als „The Artful Dodger" bekannt war.

# CHAPTER 11

## The Old Man's House
## Das Haus des alten Mannes

It was about eleven o'clock that evening when Oliver and Jack made their way to the man's house. The house was located in a dirty stinking street. Oliver had not seen such dirty and unpleasant place before. Oliver was just considering whether he hadn't better run away when they reached the bottom of the hill. His companion, catching him by the arm, pushed open the door of a house near Field Lane, and, drawing him into the passage, closed it behind them.

Jack pulled Oliver forward, up the dark stairway that had several broken steps. The ease at which Jack travelled the

Es war ungefähr elf Uhr an diesem Abend, als Oliver und Jack sich auf den Weg zum Haus des Mannes machten. Das Haus lag in einer schmutzigen, stinkenden Straße. Oliver hatte noch nie zuvor einen so schmutzigen und unangenehmen Ort gesehen. Oliver überlegte gerade, ob er nicht besser weglaufen sollte, als sie den Fuß des Hügels erreichten. Sein Begleiter packte ihn am Arm, stieß die Tür eines Hauses in der Nähe der Field Lane auf, zog ihn in den Gang und schloss sie hinter sich.

Jack zog Oliver nach vorne, die dunkle Treppe mit mehreren kaputten Stufen hinauf. Die Leichtigkeit, mit der Jack die kaputte

broken stairs led Oliver to believed he had walked through them often before. When they got upstairs, Jack opened the door to a room. The room was unkempt, and the walls and ceiling of the room were black with age and dirt.

Treppe entlangging, ließ Oliver glauben, dass er sie schon oft durchlaufen hatte. Als sie oben ankamen, öffnete Jack die Tür zu einem Raum. Das Zimmer war ungepflegt, und die Wände und die Decke des Zimmers waren schwarz von Alter und Schmutz.

There was a table in the room and some candles were burning on it. In a frying pan, which was on the fire, some sausages were cooking. An old man was standing over them,

Im Zimmer stand ein Tisch, auf dem einige Kerzen brannten. In einer Bratpfanne, die auf dem Feuer stand, kochten einige Würste. Ein alter Mann stand mit einer Toastgabel in der

with a toasting-fork in his hand. Several rough beds, made of old sacks, were huddled side by side on the floor. Seated round the table were four or five boys, none older than the Dodger, smoking long clay pipes, and drinking spirits with the air of middle-aged men. They all crowded about Jack as he whispered a few words to the old man, and then turned round and grinned at Oliver. So did the old man himself, toasting-fork in hand.

"This is him, Fagin," said Jack Dawkins to the old man, "my friend Oliver Twist."

Fagin grinned and, making a low bow to Oliver, took him by the hand, and said he hoped to become his friend too.

"We are very glad to see you, Oliver, very," said Fagin. "Dodger, take off the sausages, and draw a chair near the fire

Hand über ihnen. Mehrere grobe Betten aus alten Säcken lagen nebeneinander auf dem Boden. Um den Tisch herum saßen vier oder fünf Jungen, keiner älter als der Dodger, rauchten lange Tonpfeifen und tranken Schnaps mit der Miene von Männern mittleren Alters. Sie drängten sich alle um Jack, als er dem alten Mann ein paar Worte zuflüsterte, sich dann umdrehte und Oliver angrinste. Der alte Mann selbst auch, mit der Toastgabel in der Hand.

„Das ist er, Fagin", sagte Jack Dawkins zu dem alten Mann, „mein Freund Oliver Twist."

Fagin grinste, verneigte sich tief vor Oliver, nahm ihn bei der Hand und sagte, er hoffe, auch sein Freund zu werden.

„Wir freuen uns sehr, dich zu sehen, Oliver, sehr", sagte Fagin. „Dodger, nimm die Würstchen weg und stell Oliver einen Stuhl

for Oliver," he said to another boy.

Oliver's mouth watered when he saw his plate filled with sausages. As he was eating, he noticed a lot of silk handkerchiefs in the room.

"Don't you be bothered about those right now," said Fagin as he handed Oliver a drink made of hot gin and water. Oliver drank the drink and soon felt tired. They put him gently onto one of the sacks and he fell into a deep sleep.

neben das Feuer", sagte er zu einem anderen Jungen.

Oliver lief das Wasser im Mund zusammen, als er seinen mit Würstchen gefüllten Teller sah. Während er aß, bemerkte er viele Seidentaschentücher im Zimmer.

„Kümmere dich jetzt nicht darum", sagte Fagin, als er Oliver einen Drink aus heißem Gin und Wasser reichte. Oliver trank das Getränk und fühlte sich bald müde. Sie legten ihn sanft auf einen der Säcke und er fiel in einen tiefen Schlaf.

# CHAPTER 12

## Odd Games
## Seltsame Spiele

It was late next morning when Oliver woke up from a sound long sleep. There was no other person in the room but the old man, who was boiling some coffee in a saucepan for breakfast. Oliver asked if he might get up.

"Certainly, my dear, certainly," replied the old gentleman. Oliver got up, and had washed himself, when the Dodger returned, accompanied by a very sprightly young fellow, who was introduced as Charley Bates. The four sat down to breakfast on the coffee and some hot rolls and ham, which the Dodger had brought home in his hat.

Es war spät am nächsten Morgen, als Oliver aus einem tiefen, langen Schlaf erwachte. Es war keine andere Person im Raum als der alte Mann, der in einem Topf Kaffee zum Frühstück kochte. Oliver fragte, ob er aufstehen dürfte.

„Gewiss, mein Lieber, gewiss", erwiderte der alte Herr. Oliver stand auf und hatte sich gewaschen, als der Dodger zurückkam, begleitet von einem sehr lebhaften jungen Burschen, der als Charley Bates vorgestellt wurde. Die vier setzten sich zum Frühstück zum Kaffee und ein paar heißen Brötchen und Schinken, die der Dodger in seinem Hut nach Hause gebracht hatte.

"Well," said Fagin, glancing slyly at Oliver, and addressing himself to the Dodger, "I hope you've been at work this morning, my dears? What have you got, Dodger?"

"A couple of pocket-books," replied that young gentleman.

"Lined?" inquired Fagin with eagerness.

"Pretty well," replied the Dodger, producing two pocketbooks, one green and the

„Nun", sagte Fagin, warf Oliver einen schlauen Blick zu und wandte sich an den Dodger, „ich hoffe, ihr wart heute Morgen bei der Arbeit, meine Lieben? Was hast du, Dodger?"

„Ein paar Taschenbücher", antwortete der junge Herr.

„Gefüttert?" erkundigte sich Fagin mit Eifer.

„Ganz gut", erwiderte der Dodger und zog zwei Taschenbücher hervor, eines grün und

other red.

"Not so heavy as they might be," said the old man, after looking at the insides carefully, "but very neat and nicely made. And what have you got, my dear?" he said to Charley Bates.

"Handkerchiefs," replied Bates, at the same time producing four pocket-handkerchiefs.

"Well," said the old man, inspecting them closely, "they're very good ones, very. You haven't marked them well, though, Charley, so the marks will be picked out with a needle, and we'll teach Oliver how to do it."

"If you please, sir," said Oliver.

"You'd like to be able to make pocket handkerchiefs as easy as Charley Bates, wouldn't

das andere rot.

„Nicht so schwer, wie sie sein könnten", sagte der alte Mann, nachdem er das Innere sorgfältig betrachtet hatte, „aber sehr ordentlich und schön gemacht. Und was hast du, mein Lieber?" sagte er zu Charley Bates.

„Taschentücher", antwortete Bates und zog gleichzeitig vier Taschentücher hervor.

„Nun", sagte der alte Mann und betrachtete sie genau, „sie sind sehr gut, sehr. Aber du hast sie nicht gut markiert, Charley, also werden die Markierungen mit einer Nadel herausgepickt, und wir werden Oliver beibringen, wie man das macht."

„Bitte, Herr", sagte Oliver.

„Du würdest gerne Taschentücher so einfach machen können wie Charley Bates, nicht wahr, mein Lieber?" sagte Fagin.

you, my dear?" said Fagin.

"Sure, if you'll teach me, sir," replied Oliver.

At first Oliver believed they earned money by cleaning handkerchiefs and making pocketbooks. But the odd games they played afterwards puzzled him. Fagin stood up as a gentleman and pretend to shop around the room. The boys tried to reach into his pockets carefully, without him seeing or feeling them. Later Fagin addressed Oliver:

"Do everything the boys say to you, and take their advice in all matters, especially the Dodger's, my dear. Is my handkerchief hanging out of my pocket, my dear?" said Fagin, stopping short.

"Yes, sir," said Oliver.

"See if you can take it out, without my feeling it, as you

„Sicher, wenn Sie es mir beibringen, Herr", antwortete Oliver.

Zuerst glaubte Oliver, sie verdienten Geld, indem sie Taschentücher putzten und Taschenbücher herstellten. Aber die seltsamen Spiele, die sie danach spielten, verwirrten ihn. Fagin stand als Gentleman auf und tat so, als würde er im Raum einkaufen. Die Jungen versuchten vorsichtig in seine Taschen zu greifen, ohne dass er sie sah oder spürte. Später wandte sich Fagin an Oliver:

„Tu alles, was die Jungs dir sagen, und nimm ihren Rat in allen Angelegenheiten an, besonders den der Dodger, mein Lieber. Hängt mein Taschentuch aus meiner Tasche, mein Lieber?" sagte Fagin und hielt kurz inne.

„Wie Sie wünschen, Herr", sagte Oliver.

„Sieh mal, ob du es herausnehmen kannst, ohne dass ich es

saw them do, when we were at play."

Oliver held up the bottom of the pocket with one hand, as he had seen the Dodger hold it, and drew the handkerchief lightly out of it with the other.

"Is it gone?" cried the old man.

"Here it is, sir," said Oliver showing it in his hand.

"You're a clever boy, my dear," said the playful old gentleman, patting Oliver on the head. "I never saw a sharper lad. Here's a shilling for you. If you go on in this way, you'll be the greatest man of the time. And now come here, and I'll show you how to take the marks out of the handkerchiefs."

spüre, wie du es beim Spielen gesehen hast."

Oliver hielt mit einer Hand den Boden der Tasche hoch, wie er es beim Dodger gesehen hatte, und zog mit der anderen das Taschentuch leicht heraus.

„Ist es weg?" rief der alte Mann.

„Hier ist es, Herr", sagte Oliver und zeigte es in seiner Hand.

„Du bist ein kluger Junge, mein Lieber", sagte der verspielte alte Herr und tätschelte Oliver den Kopf. „Ich habe noch nie einen scharfsinnigeren Jungen gesehen. Hier ist ein Schilling für dich. Wenn du so weitermachst, wirst du der größte Mann der Zeit sein. Und jetzt komm her, ich zeige dir, wie man die Flecken aus den Taschentüchern entfernt."

# Out for a Walk
# Raus für einen Spaziergang

One morning Oliver got the permission he was waiting so long for. The old gentleman permitted him to go to work with Charley Bates and his friend the Dodger. They went outside. The Dodger, with his coatsleeves tucked up and his hat cocked as usual, was walking slowly looking around. Master Bates was walking along with his hands in his pockets, and Oliver between them, wondering where they were going.

The boys were walking so slowly and lazy, that Oliver soon began to think his companions were going to deceive the old gentleman, by not going to work at all.

"Hush!" said the Dodger suddenly. "Do you see that old

Eines Morgens bekam Oliver die Erlaubnis, auf die er so lange gewartet hatte. Der alte Herr erlaubte ihm, mit Charley Bates und seinem Freund, dem Dodger, zur Arbeit zu gehen. Sie gingen nach draußen. Der Dodger, mit hochgekrempelten Mantelärmeln und hochgezogenem Hut, ging langsam und sah sich um. Master Bates ging mit den Händen in den Hosentaschen und Oliver zwischen ihnen her und fragte sich, wohin sie gingen.

Die Jungen gingen so langsam und faul, dass Oliver bald glaubte, seine Gefährten würden den alten Herrn täuschen, indem sie überhaupt nicht zur Arbeit gingen.

„Stille!" sagte der Dodger plötzlich. „Siehst du den alten

man at the bookstall?"

"The old gentleman over there?" said Oliver, "Yes, I see him."

"He'll do," said the Dodger.

Oliver looked from one to the other with the greatest surprise, but he was not permitted to make any inquiries. The two boys walked stealthily across the road, and slunk close behind the old gentleman towards whom his attention had been directed. Oliver walked a few paces after them, and, not knowing whether to advance or retire, stood looking on in silent amazement.

The old gentleman had taken up a book from the stall, and there he stood, reading away, as hard as if he were in his elbow-chair, in his own study. It is very possible that he fancied himself there, indeed, for it was plain that he

Mann am Bücherstand?"

„Der alte Herr da drüben?" sagte Oliver, „Ja, ich sehe ihn."

„Er wird es tun", sagte der Dodger.

Oliver blickte höchst überrascht von einem zum anderen, aber er durfte keine Nachforschungen anstellen. Die beiden Jungen gingen verstohlen über die Straße und schlichen sich dicht hinter den alten Herrn, auf den seine Aufmerksamkeit gelenkt worden war. Oliver ging ein paar Schritte hinter ihnen her, und da er nicht wußte, ob er vorrücken oder sich zurückziehen sollte, stand er staunend da und sah zu.

Der alte Herr hatte ein Buch aus der Bude genommen, und da stand er, angestrengt lesend, wie auf seinem Ellbogenstuhl, in seinem eigenen Arbeitszimmer. Es ist sehr gut möglich, dass er sich das tatsächlich dort einbildete, denn es war offensichtlich, dass

saw not the bookstall, nor the street, nor the boys, nor, in short, anything but the book itself, which he was reading with the greatest interest.

er weder den Bücherstand noch die Straße noch die Jungen, kurz gesagt, irgendetwas anderes als das Buch selbst sah, das er mit größtem Interesse las.

It was to Oliver's horror and alarm, as he stood a few paces off, to see the Dodger plunge his hand into the old gentleman's pocket and draw from there a handkerchief! To see him hand the same to Charley Bates, and finally to see them both running away round the

Zu Olivers Schrecken und Angst sah er, als er ein paar Schritte entfernt stand, wie der Dodger seine Hand in die Tasche des alten Herrn steckte und daraus ein Taschentuch zog! Zu sehen, wie er Charley Bates dasselbe überreicht, und schließlich zu sehen, wie sie beide mit voller Geschwindigkeit um die Ecke

corner at full speed!

In the instant the whole mystery of the handkerchiefs, and Fagin, rushed upon the boy's mind. He stood, for a moment, with the blood so tingling through all his veins from terror, that he felt as if he were in a burning fire. Then, confused and frightened, he took to his heels, and, not knowing what he did, made off as fast as he could.

rennen!

In diesem Augenblick stürzte das ganze Geheimnis der Taschentücher und Fagins auf den Jungen ein. Einen Moment lang stand er da, das Blut prickelte nur so durch seine Adern vor Entsetzen, dass er sich fühlte, als stünde er in einem brennenden Feuer. Dann, verwirrt und verängstigt, fuhr er auf und machte sich, ohne zu wissen, was er tat, so schnell er konnte davon.

This was all done in a minute's space. In the very instant when Oliver began to run, the old gentleman, putting

Das alles war innerhalb einer Minute erledigt. In dem Augenblick, als Oliver zu rennen anfing, drehte sich der alte Herr,

his hand to his pocket, and missing his handkerchief, turned sharp round. Seeing the boy running away at such rapid pace, he very naturally concluded him to be the thief, and shouting, "Stop thief!" with all his might, made off after him, book in hand.

But the old gentleman was not the only person who ran after Oliver. The Dodger and Master Bates, unwilling to attract public attention by running down the open street, had merely hidden into the very first doorway round the comer. As soon as they heard the cry, and saw Oliver running, they shouted "Stop thief!" too, and joined in the pursuit like good citizens.

die Hand in die Tasche greifend und sein Taschentuch verfehlend, scharf um. Als er sah, wie der Junge so schnell davonlief, schloss er ganz natürlich, dass er der Dieb war, und rief: „Haltet den Dieb auf!" mit aller Kraft, mit dem Buch in der Hand hinter ihm her.

Aber der alte Herr war nicht die einzige Person, die hinter Oliver herlief. Die Dodger und Master Bates, die nicht bereit waren, die Aufmerksamkeit der Öffentlichkeit auf sich zu lenken, indem sie die offene Straße hinunterliefen, hatten sich lediglich in der allerersten Tür um die Ecke versteckt. Sobald sie den Schrei hörten und Oliver rennen sahen, riefen sie ebenfalls: „Stoppt den Dieb!" und schlossen sich der Verfolgung wie gute Bürger an.

# CHAPTER 14

## A Good Friend for Oliver
## Ein guter Freund für Oliver

Stopped at last! A powerful blow! Oliver is down upon the pavement, and the crowd eagerly gather round him.

"Is this the boy, sir?"

Oliver lay, covered with mud and dust, and bleeding from the mouth, looking wildly round upon the faces that surrounded him, when the old gentleman was pushed into the circle.

Letztendlich gestoppt! Ein kräftiger Schlag! Oliver ist unten auf dem Bürgersteig, und die Menge versammelt sich eifrig um ihn.

„Ist das der Junge, Herr?"

Oliver lag, mit Schlamm und Staub bedeckt und aus dem Mund blutend, und blickte wild in die Gesichter, die ihn umgaben, als der alte Herr in den Kreis geschoben wurde.

"Yes," said the gentleman, "I am afraid it is him. Poor boy! He has hurt himself."

"I did that, sir," said a great man, stepping forward. "I stopped him, sir."

A police officer at that moment made his way through the crowd, and seized Oliver by the collar.

"Come, get up," said the police officer.

"It wasn't me, indeed, sir. Indeed, indeed, it was two other boys," said Oliver, clasping his hands passionately, and looking round. "They are here somewhere."

"Oh no, they aren't," said the officer. This was true, for the Dodger and Charley Bates had run away down the first street they came to.

Oliver was taken before a magistrate, although against the wish of the kind old gentleman whose handkerchief

„Ja", sagte der Herr, „ich fürchte, er ist es. Armer Junge! Er hat sich verletzt."

„Das habe ich getan, Herr", sagte ein großer Mann und trat vor. „Ich habe ihn aufgehalten, Herr."

In diesem Moment bahnte sich ein Polizist seinen Weg durch die Menge und packte Oliver am Kragen.

„Komm, steh auf", sagte der Polizist.

„Ich war es in der Tat nicht, Herr. In der Tat, in der Tat, es waren zwei andere Jungen," sagte Oliver, umklammerte leidenschaftlich seine Fesseln und sah sich um. „Sie sind hier irgendwo."

„Oh nein, sind sie nicht", sagte der Offizier. Das stimmte, denn der Dodger und Charley Bates waren die erste Straße hinuntergelaufen, die sie erreichten.

Oliver wurde einem Richter vorgeführt, allerdings gegen den Willen des gütigen alten Herrn, dessen Taschentuch gestohlen

had been stolen. Mr. Brownlow was that gentleman's
name. The bookstall keeper
had seen the theft committed,
and, fortunately for Oliver, he
ran to the magistrate's office
to say that the boy was inno-
cent. So Oliver was set free.

Mr. Brownlow took Oliver
to his home. He and his
housekeeper, Mrs. Bedwin,
cared about Oliver.

worden war. Mr. Brownlow war
der Name dieses Herrn. Der
Buchhändler hatte gesehen, wie
der Diebstahl begangen wurde,
und zum Glück für Oliver rannte
er zum Büro des Richters, um zu
sagen, dass der Junge unschuldig
war. Also wurde Oliver freigelas-
sen.

Mr. Brownlow brachte Oliver
zu sich nach Hause. Er und seine
Haushälterin, Mrs. Bedwin, küm-
merten sich um Oliver.

In the room where he slept,
there was a large portrait of a
beautiful woman on the wall.

In dem Zimmer, in dem er
schlief, hing ein großes Porträt
einer schönen Frau an der Wand.

"Why, what's this? Mrs. Bedwin, look there!" Mr. Brownlow said and pointed to the picture above Oliver's head, and then to the boy's face. There was its living copy. The eyes, the head, the mouth, every feature was the same.

Slowly, Oliver recovered, and kind Mr. Brownlow allowed him to stay in his house. Oliver was happy. He had never been in a big, good house before. He had never stayed in a fancy room to himself either.

„Was, was ist das? Mrs. Bedwin, sehen Sie da!" sagte Mr. Brownlow und zeigte auf das Bild über Olivers Kopf und dann auf das Gesicht des Jungen. Da war seine lebende Kopie. Die Augen, der Kopf, der Mund, alle Züge waren gleich.

Langsam erholte sich Oliver und der freundliche Mr. Brownlow erlaubte ihm, in seinem Haus zu bleiben. Oliver war glücklich. Er war noch nie zuvor in einem großen, guten Haus gewesen. Er hatte auch noch nie in einem schicken Zimmer für sich allein übernachtet.

# CHAPTER 15

## Oliver Goes to the Bookstall
## Oliver geht zum Bücherstand

Fagin was very angry when the two boys returned without Oliver. He at once made inquiries, and found out that the boy had been taken off by Mr. Brownlow to his home at Pentonville. Then Fagin laid a plan for getting Oliver back. A young woman named Nancy agreed to help him. She was the companion of Bill Sikes, a robber whom Fagin knew.

One day, Mr. Brownlow gave Oliver some money and asked him to go to the bookstall to pay for books. He also gave him some books to bring back to the bookstall. Mr. Grimwig, who was visiting Mr. Brownlow at that time,

Fagin war sehr wütend, als die beiden Jungen ohne Oliver zurückkehrten. Er stellte sofort Nachforschungen an und fand heraus, dass der Junge von Mr. Brownlow in sein Haus in Pentonville gebracht worden war. Dann entwarf Fagin einen Plan, um Oliver zurückzubekommen. Eine junge Frau namens Nancy erklärte sich bereit, ihm zu helfen. Sie war die Begleiterin von Bill Sikes, einem Räuber, den Fagin kannte.

Eines Tages gab Mr. Brownlow Oliver etwas Geld und bat ihn, zum Bücherstand zu gehen, um Bücher zu bezahlen. Er gab ihm auch einige Bücher, die er zum Bücherstand zurückbringen sollte. Mr. Grimwig, der zu dieser Zeit Mr. Brownlow besuchte, sagte,

said that Oliver would not come back. He said that Oliver would run away with the money Mr. Brownlow gave him to pay for books.

dass Oliver nicht zurückkommen würde. Er sagte, dass Oliver mit dem Geld davonlaufen würde, das Mr. Brownlow ihm gab, um Bücher zu bezahlen.

"He'll be back in twenty minutes, at the longest," said Mr. Brownlow, pulling out his watch, and placing it on the table. "It will be dark by that time."

"Oh! Do you really expect him to come back, do you?" inquired Mr. Grimwig.

"Don't you?" asked Mr.

„Er ist spätestens in zwanzig Minuten zurück", sagte Mr. Brownlow, zog seine Uhr heraus und legte sie auf den Tisch. „Bis dahin wird es dunkel sein."

„Oh! Erwartest du wirklich, dass er zurückkommt?" fragte Herr Grimwig.

„Du nicht?" fragte Mr. Brownlow lächelnd.

Brownlow, smiling.

The spirit of mistrust was strong in Mr. Grimwig at the moment, and it became stronger by his friend's confident smile.

"No," he said, smiting the table with his fist, "I do not. The boy has a new suit on his back, a set of valuable books under his arm, and a five-pound note in his pocket. He'll join his old friends the thieves and laugh at you. If ever that boy returns to this house, sir, I'll eat my head."

With these words, he drew his chair closer to the table, and there the two friends sat, in silent expectation, with the watch between them. It grew so dark that the figures on the dial-plate were hardly visible, but there the two old gentlemen continued to sit in silence, with the watch between them.

Der Geist des Misstrauens war im Moment stark in Herrn Grimwig und wurde durch das zuversichtliche Lächeln seines Freundes noch stärker.

„Nein", sagte er und schlug mit der Faust auf den Tisch, „das tue ich nicht. Der Junge hat einen neuen Anzug auf dem Rücken, einen Satz wertvoller Bücher unter dem Arm und einen Fünf-Pfund-Schein in der Tasche. Er wird sich seinen alten Freunden, den Dieben, anschließen und dich auslachen. Wenn dieser Junge jemals in dieses Haus zurückkehrt, Herr, werde ich meinen Kopf essen."

Mit diesen Worten rückte er seinen Stuhl näher an den Tisch heran, und da saßen die beiden Freunde in stiller Erwartung, die Uhr zwischen sich. Es wurde so dunkel, dass die Zahlen auf dem Zifferblatt kaum noch zu erkennen waren, aber die beiden alten Herren saßen weiterhin schweigend da, die Uhr zwischen sich.

# Nancy and Sikes Find Oliver
# Nancy und Sikes finden Oliver

Oliver was walking happily, thinking how much he would give for only one look at poor little Dick, who, starved and beaten, might be crying bitterly at that very moment. At that moment he was startled by a young woman screaming out very loudly: "Oh, my dear brother!" and he had hardly looked up, to see what the matter was, when he was stopped by having a pair of arms thrown tight round his neck.

"Don't," cried Oliver, struggling. "Let me go. Who is it? What are you stopping me for?"

"I've found him! Oh! Oliver! Oliver! Oh, you naughty boy,

Oliver ging glücklich spazieren und dachte darüber nach, wie viel er für einen einzigen Blick auf den armen kleinen Dick geben würde, der, verhungert und geschlagen, gerade in diesem Moment bitterlich weinen könnte. In diesem Moment wurde er von einer jungen Frau aufgeschreckt, die sehr laut aufschrie: „Oh, mein lieber Bruder!" und er hatte kaum aufgeschaut, um zu sehen, was los war, als er aufgehalten wurde, indem ein Paar Arme fest um seinen Hals geworfen wurden.

„Nicht", rief Oliver mühsam. „Lass mich gehen. Wer bist du? Warum hältst du mich auf?"

„Ich habe ihn gefunden! Oh! Oliver! Oliver! Ach, du böser

to make me suffer such distress on your account! Come home, dear, come. Oh, I've found him. I've found him!" With these exclamations, the young woman got so dreadfully hysterical that a couple of women who came up at the moment asked each other if she needed the doctor.

"Oh, no, no, never mind," said the young woman, grasping Oliver's hand, "I'm better now. Come home directly, you cruel boy! Come!"

"What's the matter, ma'am?" inquired one of the women.

"Oh, ma'am," replied the young woman, "he ran away, near a month ago, from his parents, who are hard-working and respectable people, and went and joined a set of thieves, and almost broke his mother's heart."

Junge, dass ich deinetwegen so viel Leid erleide! Komm nach Hause, Schatz, komm. Oh, ich habe ihn gefunden. Ich habe ihn gefunden!" Bei diesen Ausrufen wurde die junge Frau so furchtbar hysterisch, dass sich ein paar Frauen, die in dem Moment auftauchten, gegenseitig fragten, ob sie den Arzt brauche.

„Oh, nein, nein, alles gut", sagte die junge Frau und ergriff Olivers Hand, „jetzt geht es mir besser. Komm direkt nach Hause, du grausamer Junge! Kommen!"

„Was ist los, gnädige Frau?" fragte eine der Frauen.

„Oh, Ma'am", antwortete die junge Frau, „er ist vor fast einem Monat von seinen Eltern weggelaufen, die fleißige und respektable Leute sind, und hat sich einer Bande von Dieben angeschlossen und hätte beinahe die seiner Mutter gebrochen Herz."

"Young wretch!" said one woman.

"I'm not," replied Oliver, greatly alarmed. "I don't know her. I haven't any sister, or father and mother either. I'm an orphan. I live at Pentonville."

"What's this?" said a man, going out of a shop, with a white dog at his heels. It was Sikes, the robber who Fagin sent. "Young Oliver! Come home to your poor mother! Come home directly."

"I don't belong to them. I don't know them. Help! Help!" cried Oliver, struggling in the man's powerful grasp.

"Help!" repeated Sikes. "Yes, I'll help you, you young villain! What books are these? You've been stealing them, have you? Give them here." With these words, the man tore the books from Oliver's hands, and struck

„Junger Wicht!" sagte eine Frau.

„Bin ich nicht", antwortete Oliver sehr beunruhigt. „Ich kenne sie nicht. Ich habe auch keine Schwester, keinen Vater und keine Mutter. Ich bin ein Waisenkind. Ich wohne in Pentonville."

„Was ist das?" sagte ein Mann, der aus einem Geschäft ging, mit einem weißen Hund an seinen Fersen. Es war Sikes, der Räuber, den Fagin schickte. „Junger Oliver! Komm nach Hause zu deiner armen Mutter! Komm direkt nach Hause."

„Ich gehöre nicht zu ihnen. Ich kenne sie nicht. Hilfe! Hilfe!" rief Oliver und wehrte sich gegen den mächtigen Griff des Mannes.

„Hilfe!" wiederholt Sikes. „Ja, ich helfe dir, du junger Bösewicht! Welche Bücher sind das? Du hast sie gestohlen, oder? Gib sie hier her." Mit diesen Worten riss der Mann Oliver die Bücher

him on the head.

"That's right!" cried a looker-on, from a window. "That's the only way of bringing him to his senses!"

"It'll do him good!" said the two women.

"And he will have it, too!" said the man, giving another blow, and seizing Oliver by the collar. "Come on, you young villain! Bull's-eye, mind him, boy!" he ordered to the dog.

aus den Händen und schlug ihm auf den Kopf.

„Das stimmt!" rief ein Zuschauer aus einem Fenster. „Nur so kann man ihn zur Vernunft bringen!"

„Das wird ihm gut tun!" sagten die beiden Frauen.

„Und er wird es auch haben!" sagte der Mann, gab einen weiteren Schlag und packte Oliver am Kragen. „Komm schon, du junger Bösewicht! Volltreffer, wohlgemerkt, Junge!" befahl er dem Hund.

What could one poor child do? Darkness had set in, no help was near. Resistance was useless.

The gas-lamps were lighted, Mrs. Bedwin was waiting anxiously at the open door, the servant had run up the street twenty times to see if there were any traces of Oliver, and still the two old gentlemen sat in the dark room with the watch between them.

Was könnte ein armes Kind tun? Es war dunkel geworden, keine Hilfe war in der Nähe. Widerstand war zwecklos.

Die Gaslaternen wurden angezündet, Mrs. Bedwin wartete unruhig an der offenen Tür, der Diener war zwanzigmal die Straße hinaufgelaufen, um zu sehen, ob es irgendwelche Spuren von Oliver gab, und immer noch saßen die beiden alten Herren mit den beiden in dem dunklen Zimmer zwischen ihnen aufpassen.

# CHAPTER 17

## Back to Fagin
## Zurück zu Fagin

The night was dark and foggy. The lights in the shops could hardly struggle through the mist which shrouded the streets and houses. Nancy, Oliver, and Sikes turned into a narrow street. His dog stopped before the door of a shop that was closed. The house was in a ruinous condition.

"All right," said Sikes, glancing cautiously about.

Oliver heard the sound of a bell. They crossed to the opposite side of the street and stood for a few moments under a lamp. A noise was heard and soon afterwards the door softly opened. Sikes then seized the terrified boy by the collar with little ceremony, and all three

Die Nacht war dunkel und neblig. Die Lichter in den Geschäften konnten sich kaum durch den Nebel kämpfen, der die Straßen und Häuser verhüllte. Nancy, Oliver und Sikes bogen in eine schmale Straße ein. Sein Hund blieb vor einer geschlossenen Ladentür stehen. Das Haus befand sich in einem desolaten Zustand.

„In Ordnung", sagte Sikes und sah sich vorsichtig um.

Oliver hörte den Klang einer Glocke. Sie gingen auf die gegenüberliegende Straßenseite und blieben einige Augenblicke unter einer Lampe stehen. Ein Geräusch war zu hören und kurz darauf öffnete sich leise die Tür. Dann packte Sikes den verängstigten Jungen ohne Umschweife am Kragen, und alle

went quickly inside the house.

The passage was perfectly dark. They waited, while the person who had let them in closed the door.

"Is anybody here?" inquired Sikes.

"No," replied a voice, which Oliver thought be had heard before.

"Is the old man here?" asked the man.

"Yes," replied the voice, "and he won't be glad to see you! Oh, no!"

The style of this reply, as well as the voice which said it, seemed familiar to Oliver.

In another minute Jack Dawkins, otherwise the Artful Dodger, appeared. He had a candle in his right hand.

They crossed an empty kitchen and heard laughter.

drei gingen schnell ins Haus.

Der Gang war vollkommen dunkel. Sie warteten, während die Person, die sie hereingelassen hatte, die Tür schloss.

„Ist jemand hier?" fragte Sikes.

„Nein", antwortete eine Stimme, die Oliver schon einmal gehört zu haben glaubte.

„Ist der alte Mann hier?" fragte der Mann.

„Ja", antwortete die Stimme, „und er wird sich nicht freuen, dich zu sehen! Oh nein!"

Die Art dieser Antwort sowie die Stimme, die sie sagte, kamen Oliver bekannt vor.

In einer weiteren Minute erschien Jack Dawkins, sonst der Artful Dodger genannt. Er hatte eine Kerze in der rechten Hand.

Sie durchquerten eine leere Küche und hörten Gelächter.

"Here he is!" cried Charley Bates. "Fagin, look at him! Hold me, somebody!" Bates laughed with joy. Then he took the candle from the Dodger, and, advancing to Oliver, viewed him round and round. While Fagin, taking off his night-cap, made some low bows to the bewildered boy. The Dodger, meantime, cleaned Oliver's pockets.

"We are delighted to see you looking so well, my dear," said the old man, bowing with a sly smile. "The Dodger will

„Hier ist er!" rief Charley Bates. „Fagin, sieh ihn dir an! Halt mich, jemand!" Bates lachte vor Freude. Dann nahm er dem Dodger die Kerze ab, ging auf Oliver zu und betrachtete ihn rundherum. Während Fagin seine Nachtmütze abnahm, machte er einige tiefe Verbeugungen vor dem verwirrten Jungen. Der Dodger putzte in der Zwischenzeit Olivers Taschen.

„Wir freuen uns, dass du so gut aussiehst, mein Lieber", sagte der alte Mann und verbeugte sich mit einem verschmitzten Lächeln.

give you another suit, my dear, for fear you can spoil that one. Why didn't you write, my dear, and say you were coming? We'd have got something warm for supper."

At this, Bates laughed again. But the Dodger took out the five-pound note from Oliver's pocket at that moment.

"What's that?" inquired Bill Sikes, stepping forward as Fagin seized the note. "That's mine, Fagin."

"No, my dear," said the old man, "Mine, Bill, mine. You will have the books."

"Come! Give it to me!" said Sikes.

"This is hardly fair, Bill, hardly fair, is it, Nancy?" said Fagin.

"Fair, or not fair," repeated Sikes, "give it to me, I tell you!"

„Der Dodger wird dir einen anderen Anzug geben, mein Lieber, aus Angst, du könntest diesen verderben. Warum hast du nicht geschrieben, mein Lieber, und gesagt, dass du kommst? Wir hätten etwas Warmes zum Abendessen besorgt."

Bates lachte erneut. Aber der Dodger zog in diesem Moment den Fünf-Pfund-Schein aus Olivers Tasche.

„Was ist das?" erkundigte sich Bill Sikes und trat vor, als Fagin die Notiz ergriff. „Das ist meins, Fagin."

„Nein, mein Lieber", sagte der alte Mann, „meines, Bill, meines. Du kannst die Bücher haben."

„Los! Gib es mir!" sagte Sikes.

„Das ist kaum fair, Bill, kaum fair, oder, Nancy?" sagte Fagin.

„Fair oder nicht fair", wiederholte Sikes, „gib es mir, ich sage es dir!"

Sikes seized the note from between Fagin's fingers and, looking the old man in the face, put it in his own pocket.

"That's for the trouble," said Sikes, "you may keep the books, if you like reading."

"They belong to the old gentleman," said Oliver, "to the good, kind, old gentleman who took me into his house. Oh, pray send them back! Send him back the books and money. Keep me here all my life long, but pray, pray send them back. He'll think I stole them. The old lady and all of them who were kind to me will think I stole them. Oh, do have mercy upon me, and send them back!"

With these words, Oliver fell upon his knees at Fagin's feet.

"The boy is right," said Fagin. "You are right, Oliver, you are right. They will think you have stolen them. Ha!

Sikes nahm den Zettel zwischen Fagins Fingern und steckte ihn, dem alten Mann ins Gesicht sehend, in seine eigene Tasche.

„Das ist der Mühe wert", sagte Sikes, „du kannst die Bücher behalten, wenn du gerne liest."

„Sie gehören dem alten Herrn", sagte Oliver, „dem guten, gütigen, alten Herrn, der mich in sein Haus aufgenommen hat. Oh, bitte schickt sie zurück! Schicke ihm die Bücher und das Geld zurück. Behalte mich mein ganzes Leben lang hier, aber bitte, bittte, sende sie zurück. Er wird denken, ich hätte sie gestohlen. Die alte Dame und alle, die nett zu mir waren, werden denken, ich hätte sie gestohlen. Oh, erbarme dich meiner und schicke sie zurück!"

Mit diesen Worten fiel Oliver zu Fagins Füßen auf die Knie.

„Der Junge hat Recht", sagte Fagin. „Du hast Recht, Oliver, du hast Recht. Sie werden denken, dass Sie sie gestohlen haben. Ha!

Ha!" laughed the old man, rubbing his hands.

"Of course they will think he is the thief," replied Sikes. "They will try to find him and take him to the judge."

Oliver had looked from one to the other, but when Bill Sikes said it, he jumped suddenly to his feet, and ran from the room.

Ha!" lachte der alte Mann und rieb sich die Hände.

„Natürlich werden sie ihn für den Dieb halten", antwortete Sikes. „Sie werden versuchen, ihn zu finden und zum Richter zu bringen."

Oliver hatte von einem zum anderen geblickt, aber als Bill Sikes es sagte, sprang er plötzlich auf die Füße und rannte aus dem Zimmer.

"Keep back the dog, Bill!" cried Nancy, springing before the door, and closing it, "Keep back the dog. He'll tear the

„Halt den Hund zurück, Bill!" rief Nancy, sprang vor die Tür und schloß sie, „Halt den Hund zurück. Er wird den Jungen in

boy to pieces."

"Serves him right!" cried Sikes. "Stand off the door, or I'll hit your head against the wall."

"I don't care for that, Bill, I don't care for that," cried the girl, struggling with the man, "the child will not be torn down by the dog. You will have to kill me first."

"I'll soon do that, if you don't stand off the door." The rubber pushed the girl to the further end of the room. At this moment, Fagin and the two boys returned, dragging Oliver with them.

"So you wanted to get away, my dear, did you?" said the old man, taking up a club, which lay in a corner of the fire-place. Oliver made no reply. But he watched Fagin's movements and breathed quickly.

"You wanted to get help, call for the police, did you?" sneered Fagin, catching the boy

Stücke reißen."

„Geschieht ihm recht!" rief Sikes. „Stell dich von der Tür weg, oder ich schlage deinen Kopf gegen die Wand."

„Das ist mir egal, Bill, das ist mir egal", rief das Mädchen und kämpfte mit dem Mann, „das Kind wird nicht von dem Hund niedergerissen. Du musst mich zuerst töten."

„Das mache ich bald, wenn du nicht vor der Tür weggehst." Der Räuber schob das Mädchen ans andere Ende des Raumes. In diesem Moment kehrten Fagin und die beiden Jungen zurück und zogen Oliver mit sich.

„Du wolltest also weg, mein Lieber, nicht wahr?" sagte der Alte und nahm einen Knüppel, der in einer Ecke des Kamins lag. Oliver antwortete nicht. Aber er beobachtete Fagins Bewegungen und atmete schnell.

„Du wolltest Hilfe holen, die Polizei rufen, ja?" höhnte Fagin und packte den Jungen am Arm.

by the arm. The old man hit
Oliver's shoulders with the
club and was raising it to hit
him again, when the girl, rush-
ing forward, wrested it from
his hand. She threw it into the
fire, with a force that brought
some of the glowing coals out
into the room.

"I won't stand by and see it
done, Fagin," cried the girl.
"You've got the boy, and what
more would you want? Let
him be!"

The girl stamped her foot on
the floor as she spoke. With
her lips compressed, and her
hands clenched, she looked at
Fagin and the other robber.
Her face became colourless
from the rage.

"Why, Nancy!" said Fagin.

"He's a thief, a liar, all that's
bad, from this night forth. Isn't
that enough without blows?"

"Come, come, Sikes," said
the old man to the rubber, "we
must find words, Bill."

Der alte Mann schlug Oliver mit
der Keule auf die Schultern und
wollte ihn noch einmal schlagen,
als das Mädchen, das vorwärts
eilte, sie ihm aus der Hand riss.
Sie warf sie ins Feuer, mit einer
Wucht, die einige der glühenden
Kohlen in den Raum schleuderte.

„Ich werde nicht dastehen und
zusehen, wie du ihn erledigst,
Fagin", rief das Mädchen. „Du
hast den Jungen, und was willst
du mehr? Lass ihn in Ruhe!"

Das Mädchen stampfte mit
dem Fuß auf den Boden, während sie sprach. Mit zusammen-
gepressten Lippen und geballten
Händen sah sie Fagin und den
anderen Räuber an. Ihr Gesicht
wurde farblos vor Wut.

„Warum, Nancy!" sagte Fagin.

„Er ist ein Dieb, ein Lügner,
alles Schlimme, von dieser Nacht
an. Reicht das nicht ohne Schläge?"

„Komm, komm, Sikes", sagte
der alte Mann zum Räuber, „wir
müssen Worte finden, Bill."

"Find words!" cried the girl, whose passion was frightful to see. "Find words, you villain! Yes, you deserve them from me. I thieved for you when I was a child not half as old as this!" pointing to Oliver. "I have been in the same trade, and in the same service for twelve years since. Don't you know it? Speak out! Don't you know it?"

„Findet Wörter!" rief das Mädchen, dessen Leidenschaft angstvoll zu sehen war. „Finde Worte, du Schurke! Ja, du verdienst sie von mir. Ich habe für dich geklaut, als ich noch nicht einmal halb so alt war!" sie zeigt auf Oliver. „Seit zwölf Jahren bin ich im selben Gewerbe und im selben Dienst tätig. Weißt du es nicht? Sag schon! Weißt du es nicht?"

The girl made such a rush at Fagin that would probably have left marks of her revenge upon him, had not her hands

Das Mädchen stürmte so auf Fagin zu, dass sie wahrscheinlich Spuren ihrer Rache an ihm hinterlassen hätte, wenn ihre Hände

been seized by Sikes at the same moment, upon which, she made a few struggles and fainted.

"She's all right now," said Sikes, laying her down in a corner. "She's uncommon strong in the arms when she's up in this way."

"It's the worst of having to do with women," said Fagin, taking away his club. "Charley, show Oliver to bed."

"I suppose he'd better not wear his best clothes tomorrow, Fagin," said Charley Bates.

"Certainly not," replied the old man.

Bates led Oliver into the kitchen, where there were two or three of the beds on which he had slept before; and here, with many bursts of laughter, he produced an old suit of

nicht im selben Moment von Sikes ergriffen worden wären, woraufhin sie sich ein paar Mal wehrte und ohnmächtig wurde.

„Jetzt geht es ihr gut", sagte Sikes und legte sie in eine Ecke. „Sie ist ungewöhnlich stark in den Armen, wenn sie so drüber ist."

„Es ist das Schlimmste, mit Frauen zu tun zu haben", sagte Fagin und nahm seine Keule weg. „Charley, bring Oliver ins Bett."

„Ich nehme an, er sollte morgen besser nicht seine besten Kleider tragen, Fagin", sagte Charley Bates.

„Sicher nicht", erwiderte der alte Mann.

Bates führte Oliver in die Küche, wo zwei oder drei der Betten standen, auf denen er zuvor geschlafen hatte; und hier brachte er unter vielen Lachanfällen einen alten Anzug zum Vor-

clothes.

"Take off the new ones," said Charley, "and I'll give them to Fagin."

Poor Oliver unwillingly complied. Bates, rolling up the new clothes under his arm, went out of the room, leaving Oliver in the dark, and locked the door behind him.

The noise of Charley's laughter might have kept many people awake, under more happy circumstances than those in which Oliver was placed. But he was sick and weary, and he soon fell asleep.

schein.

„Zieh den neuen aus", sagte Charley, „und ich gebe ihn Fagin."

Der arme Oliver kam widerwillig nach. Bates rollte die neuen Kleider unter seinem Arm zusammen, verließ das Zimmer, ließ Oliver im Dunkeln zurück und schloss die Tür hinter sich ab.

Der Lärm von Charleys Lachen hätte viele Menschen unter glücklicheren Umständen als denen, in denen Oliver untergebracht war, wach gehalten. Aber er war krank und müde und schlief bald ein.

# CHAPTER 18

## Five Guineas Reward
## Fünf Guineen-Belohnung

The very first paragraph upon which Mr. Bumble's eyes rested, as he composed himself to read the paper, was the following advertisement.

FIVE GUINEAS REWARD

"Whereas a young boy, named Oliver Twist, went or was led, on Thursday evening last, from his home, at Penton-

Der allererste Absatz, auf dem Mr. Bumbles Augen ruhten, als er sich zum Lesen der Zeitung zusammennahm, war die folgende Anzeige.

FÜNF GUINEAS BELOHNUNG

„Während ein kleiner Junge namens Oliver Twist am letzten Donnerstagabend von seinem Haus in Pentonville ging oder

ville and has not since been heard of. The above reward will be paid to any person who will give any information that will lead to the discovery of the said Oliver Twist, or tend to throw any light upon his previous history, in which the advertiser is, for many reasons, warmly interested."

And then followed a full description of Oliver's dress, person, appearance, and his disappearance, with the name and address of Mr. Brownlow at full length. Mr. Bumble opened his eyes, read the advertisement, slowly, and carefully, three times, and in something more than five minutes was on his way to Pentonville.

"Is Mr. Brownlow at home?" inquired Mr. Bumble of the girl who opened the door.

Mr. Bumble no sooner said Oliver's name, in explanation

fortgeführt wurde und seitdem nichts mehr gehört wurde. Die obige Belohnung wird an jede Person gezahlt, die Informationen liefert, die zur Entdeckung des besagten Oliver Twist führen, oder dazu neigt, Licht auf seine Vorgeschichte zu werfen, an der der Werbetreibende aus vielen Gründen sehr interessiert ist. "

Und dann folgte eine vollständige Beschreibung von Olivers Kleidung, Person, Aussehen und seinem Verschwinden, mit dem Namen und der Adresse von Mr. Brownlow in voller Länge. Mr. Bumble öffnete die Augen, las die Anzeige langsam und sorgfältig dreimal und war in etwas mehr als fünf Minuten auf dem Weg nach Pentonville.

„Ist Mr. Brownlow zu Hause?" fragte Mr. Bumble von dem Mädchen, das die Tür öffnete.

Mr. Bumble sagte kaum Oli-

of his errand, than Mrs. Bedwin, who had been listening at the parlour door, hastened into the passage in a breathless state.

"Come in, come in," said the old lady, "I knew we would hear of him. Poor dear! I knew we would! I was certain of it. Bless his heart! I said so, all along."

Having said this, the old lady hurried back into the parlour again, and, seating herself on a sofa, burst into tears. The girl had run upstairs meanwhile, and now returned with a request that Mr. Bumble would follow her immediately, which he did.

He was shown into the little study, where Mr. Brownlow and his friend Mr. Grimwig sat. The latter gentleman at once burst into the exclamation:

"A beadle! A parish beadle,

vers Namen, um seinen Auftrag zu erklären, als Mrs. Bedwin, die an der Salontür gelauscht hatte, atemlos in den Flur eilte.

„Kommen Sie rein, kommen Sie rein", sagte die alte Dame, „ich wusste, wir würden von ihm hören. Der Arme! Ich wusste, dass wir es tun würden! Ich war mir sicher. Segne sein Herz! Das habe ich die ganze Zeit gesagt."

Darauf eilte die alte Dame wieder in den Salon zurück, setzte sich auf ein Sofa und brach in Tränen aus. Das Mädchen war inzwischen nach oben gerannt und kehrte nun mit der Bitte zurück, dass Mr. Bumble ihr sofort folgen würde, was er auch tat.

Er wurde in das kleine Arbeitszimmer geführt, wo Mr. Brownlow und sein Freund Mr. Grimwig saßen. Der letztere Herr brach sofort in den Ausruf aus:

or I'll eat my head."

"Pray don't interrupt just now," said Mr. Brownlow. "Take a seat, will you? Now, sir, you come in consequence of having seen the advertisement?"

"Yes, sir," said Mr. Bumble.

"And you are a beadle, are not you?" inquired Mr. Grimwig.

"I am a beadle, gentlemen," confirmed Mr. Bumble, proudly.

"Of course," said Mr. Grimwig, "I knew he was. A beadle all over!"

Mr. Brownlow gently shook his head to impose silence on his friend, and resumed:

"Do you know where this poor boy is now?"

"No more than anybody," replied Mr. Bumble.

„Ein Büttel! Ein Kirchendiener, oder ich esse meinen Kopf."

„Bitte unterbrechen Sie mich jetzt nicht", sagte Mr. Brownlow. „Setzen Sie sich, ja? Nun, mein Herr, kommen Sie, weil Sie die Anzeige gesehen haben?"

„Ja, Herr", sagte Mr. Bumble.

„Und Sie sind ein Büttel, nicht wahr?" fragte Herr Grimwig.

„Ich bin ein Büttel, meine Herren", bestätigte Mr. Bumble stolz.

„Natürlich", sagte Mr. Grimwig, „das wusste ich. Ganz und gar ein Büttel!"

Mr. Brownlow schüttelte sanft den Kopf, um seinen Freund zum Schweigen zu bringen, und fuhr fort:

„Weißt du, wo dieser arme Junge jetzt ist?"

„Nicht mehr als jeder andere", antwortete Mr. Bumble.

"Well, what do you know of him?" inquired the old gentleman. "Speak out, my friend, if you have anything to say. What do you know of him?"

„Nun, was weißt du über ihn?" fragte der alte Herr. „Sprich es aus, mein Freund, wenn du etwas zu sagen hast. Was wissen Sie von ihm?"

# CHAPTER 19

## Sad Hearts
## Traurige Herzen

Mr. Bumble put down his hat, unbuttoned his coat, folded his arms, and after a few moments began his story.

The beadle said that Oliver was a foundling, who had from his birth displayed no better qualities than treachery and ingratitude. He said that Oliver attacked a boy and ran away in the night-time from his master's house. In proof of his really being the person he represented himself, Mr. Bumble laid upon the table the papers he had brought with him, and, folding his arms again, awaited Mr. Brownlow's answer.

"I fear it is all true," said the old gentleman sorrowful-

Mr. Bumble legte seinen Hut ab, knöpfte seinen Mantel auf, verschränkte die Arme und begann nach ein paar Augenblicken mit seiner Geschichte.

Der Büttel sagte, Oliver sei ein Findelkind, das von Geburt an keine besseren Eigenschaften als Verrat und Undankbarkeit gezeigt habe. Er sagte, Oliver habe einen Jungen angegriffen und sei in der Nacht vom Haus seines Herrn weggelaufen. Als Beweis dafür, dass er wirklich die Person war, die er selbst repräsentierte, legte Mr. Bumble die Papiere, die er mitgebracht hatte, auf den Tisch und wartete, die Arme wieder verschränkend, auf Mr. Brownlows Antwort.

„Ich fürchte, es ist alles wahr",

ly.

Mr. Bumble shook his head gravely, and, pocketing the five guineas, went away. Mr. Brownlow paced the room to and fro for some minutes, evidently so much disturbed by the beadle's tale that even Mr. Grimwig was waiting in silence. At length he stopped and rang the bell violently.

"Mrs. Bedwin," said Mr. Brownlow, when the housekeeper appeared, "that boy, Oliver, is a liar."

"It can't be, sir. It cannot be," said the old lady energetically.

"I tell you he is," repeated the old gentleman. "What do you mean by can't be? We have just heard a full account of him from his birth. He has been a little villain all his life."

sagte der alte Herr traurig.

Mr. Bumble schüttelte ernst den Kopf, steckte die fünf Guineen ein und ging davon. Mr. Brownlow ging einige Minuten im Zimmer auf und ab, offenbar so sehr verstört von der Geschichte des Büttels, dass sogar Mr. Grimwig schweigend wartete. Endlich blieb er stehen und läutete heftig.

„Frau. Bedwin", sagte Mr. Brownlow, als die Haushälterin erschien, „dieser Junge, Oliver, ist ein Lügner."

„Das kann nicht sein, Herr. Das kann nicht sein", sagte die alte Dame energisch.

„Ich sage Ihnen, er ist es", wiederholte der alte Herr. „Was meinst du mit kann nicht sein? Wir haben gerade einen vollständigen Bericht über ihn von seiner Geburt an gehört. Er war sein ganzes Leben lang ein kleiner Bösewicht."

"I never will believe it, sir," replied the old lady, firmly. "Never!"

"You old women never believe anything but doctors and lying story-books," growled Mr. Grimwig. "I knew it all along. Why didn't you take my advice in the beginning."

"He was a dear, grateful, gentle child, sir," repeated Mrs. Bedwin, when she was stopped by Mr. Brownlow.

"Silence!" said the old gentleman angrily. "Never let me hear the boy's name again. I tell you that. Never. You may leave the room, Mrs. Bedwin."

Some time after Oliver had been entrapped into the Fagin's house, Bill Sikes planned with another robber, named Toby Crackit, to commit a burglary. He in-

„Ich werde es nie glauben, Herr", antwortete die alte Dame fest. „Niemals!"

„Ihr alten Weiber glaubt nur Ärzten und Lügengeschichtenbüchern", knurrte Mr. Grimwig. „Ich habs gewusst. Warum hast du meinen Rat nicht von Anfang an befolgt?"

„Er war ein liebes, dankbares, sanftes Kind, Herr," wiederholte Mrs. Bedwin, als sie von Mr. Brownlow angehalten wurde.

„Schweig!" sagte der alte Herr wütend. „Lass mich nie wieder den Namen des Jungen hören. Das sage ich dir. Niemals. Sie können das Zimmer verlassen, Mrs. Bedwin."

Einige Zeit nachdem Oliver im Haus der Fagins eingeschlossen worden war, plante Bill Sikes mit einem anderen Räuber namens Toby Crackit einen Einbruch. Er wollte einen Jungen dazu bringen, durch ein kleines Fenster ins Haus

tended to make a boy enter the house by a small window and unbar the door. He asked Fagin to find him a boy for this purpose, and the old man, wishing to make little Oliver a thief, promised to send him to Sikes early the next day.

zu gehen und die Tür zu entriegeln. Er bat Fagin, ihm zu diesem Zweck einen Jungen zu besorgen, und der alte Mann, der den kleinen Oliver zum Dieb machen wollte, versprach, ihn am nächsten Tag früh zu Sikes zu schicken.

# CHAPTER 20

## Oliver Is Delivered Over to Sikes
## Oliver wird an Sikes geliefert

When Oliver awoke in the morning, he was a good deal surprised to find that a new pair of shoes, with strong thick soles, had been placed at his bedside, and that his old ones had been removed. At first he was pleased with the discovery, hoping that it might be the forerunner of his release. But on his sitting down to breakfast, Fagin told him, in a tone and manner which increased his alarm, that he was to be taken to the residence of Bill Sikes that night.

"To stop there, sir?" asked Oliver, anxiously.

"No, no, my dear. Not to stop there," replied the old man. "We shouldn't like to lose

Als Oliver am Morgen erwachte, war er ziemlich überrascht, als er feststellte, dass ein neues Paar Schuhe mit starken, dicken Sohlen neben sein Bett gestellt und seine alten entfernt worden waren. Zuerst freute er sich über die Entdeckung und hoffte, dass dies der Vorläufer seiner Freilassung sein könnte. Aber als er sich zum Frühstück hinsetzte, sagte Fagin ihm in einem Ton und einer Art und Weise, die seine Beunruhigung verstärkten, dass er in dieser Nacht zur Wohnung von Bill Sikes gebracht werden sollte.

„Um dort zu bleiben, Herr?" fragte Oliver ängstlich.

„Nein, nein, mein Lieber. Nicht um dort zu bleiben", erwiderte der Alte. „Wir möchten

you. Don't be afraid, Oliver, you will come back to us again. Ha, ha, ha. I won't be so cruel as to send you away, my dear. Oh no, no!"

The old man, who was stooping over the fire toasting a piece of bread, looked round at Oliver thus, and chuckled, as if to show that he knew he would still be very glad to get away if he could.

"I suppose," said Fagin, fixing his eyes on Oliver, "you want to know what you're going to Bill's for, my dear?"

Oliver said, yes, he did want to know.

"Why, do you think?" inquired Fagin.

"Indeed, I don't know, sir," replied Oliver.

"Bah!" said the old man. "Wait till Bill tells you, then."

Fagin seemed worried by

dich nicht verlieren. Keine Angst, Oliver, du kommst wieder zu uns zurück. Hahaha. Ich werde nicht so grausam sein, dich wegzuschicken, mein Lieber. Oh nein nein!"

Der alte Mann, der sich über das Feuer beugte und ein Stück Brot röstete, sah sich so zu Oliver um und kicherte, als wolle er zeigen, dass er wüsste, dass er immer noch sehr froh wäre, wegzukommen, wenn er könnte.

„Ich nehme an", sagte Fagin und richtete seinen Blick auf Oliver, „willst du wissen, warum du zu Bill gehst, mein Lieber?"

Oliver sagte, ja, er wollte es wissen.

„Warum, was denkst du?" fragte Fagin.

„In der Tat, ich weiß es nicht, Herr", erwiderte Oliver.

„Bah!" sagte der alte Mann. „Dann warte, bis Bill es dir sagt."

Fagin schien besorgt darüber

Oliver's not expressing any greater curiosity on the subject. But Oliver was too much confused to make any further inquiries just then. He had no further opportunity, for Fagin remained very silent till night, when he prepared to go away.

"You may burn a candle," said the old man, putting one upon the table. "And here's a book for you to read, till they come to fetch you. Good night."

"Good night!" replied Oliver, softly.

Fagin walked to the door, looking over his shoulder at the boy as he went. Suddenly stopping, he called him by his name.

"Take heed, Oliver, take heed!" said the old man, shaking his right hand before him in a warning manner. "He's a rough and dangerous man.

zu sein, dass Oliver keine größere Neugier auf das Thema zum Ausdruck brachte. Aber Oliver war zu sehr verwirrt, um in diesem Moment weitere Nachforschungen anzustellen. Er hatte keine weitere Gelegenheit, denn Fagin schwieg bis zur Nacht, als er sich zum Fortgehen anschickte.

„Du darfst eine Kerze anzünden", sagte der alte Mann und stellte eine auf den Tisch. „Und hier ist ein Buch für dich zum Lesen, bis sie dich abholen kommen. Gute Nacht."

„Gute Nacht!" erwiderte Oliver leise.

Fagin ging zur Tür und sah den Jungen im Gehen über die Schulter an. Plötzlich blieb er stehen und rief ihn bei seinem Namen.

„Pass auf, Oliver, pass auf!" sagte der Alte und schüttelte warnend die rechte Hand vor sich. „Er ist ein rauer und gefähr-

Whatever falls out, say nothing and do as he orders you. Mind it!"

Oliver leaned his head upon his hand when the old man disappeared, and thought, with a trembling heart, about the words he had just heard.

He remained lost in thought for some minutes, and then, with a heavy sigh, he took the book, which the old man had left with him, and began to read. He turned over the leaves. It was a history of the lives and trials of great criminals. Here he read of dreadful crimes that made the blood run cold. In fear, the boy closed the book, and thrust it from him. Then, falling upon his knees, he prayed Heaven to spare him from such deeds, and that he should die at once than be reserved for crimes so fearful and dreadful. By de-

licher Mann. Was auch immer passiert, sag nichts und tu, was er dir befiehlt. Denk daran!"

Oliver stützte den Kopf auf seine Hand, als der alte Mann verschwand, und dachte mit zitterndem Herzen an die Worte, die er gerade gehört hatte.

Er blieb einige Minuten in Gedanken versunken, dann nahm er mit einem schweren Seufzer das Buch, das der alte Mann bei sich gelassen hatte, und begann zu lesen. Er drehte die Blätter um. Es war eine Geschichte über das Leben und die Prozesse großer Verbrecher. Hier las er von schrecklichen Verbrechen, die das Blut gefrieren ließen. Vor Angst schloss der Junge das Buch und stieß es von sich. Dann fiel er auf die Knie und betete zum Himmel, er möge ihn von solchen Taten verschonen und dass er sofort sterben möge, anstatt für so furchtbare und schreckliche Verbrechen da zu sein. All-

grees, he grew more calm and prayed in a low and broken voice that he might be rescued from his present dangers, and that if any aid were to be raised up for a poor outcast boy, who had never known the love, it might come to him now, when, desolate and deserted, he stood alone in the midst of wickedness and guilt. He had concluded his prayer, but still remained with his head buried in his hands, when a noise aroused him.

"What's that?" he cried, starting up, and catching sight of a figure standing by the door. "Who's there?"

"Only me," replied a voice.

Oliver raised the candle above his head and looked towards the door. It was Nancy. Oliver saw that she was very pale, and gently inquired if she were ill. The girl threw herself

mählich wurde er ruhiger und betete mit leiser und gebrochener Stimme, dass er aus seinen gegenwärtigen Gefahren gerettet werden möge und dass, wenn Hilfe für einen armen Ausgestoßenen, der die Liebe nie gekannt hatte, Hilfe geleistet werden sollte Komm jetzt zu ihm, da er einsam und verlassen inmitten von Bosheit und Schuld stand. Er hatte sein Gebet beendet, blieb aber immer noch mit dem Kopf in den Händen vergraben, als ihn ein Geräusch weckte.

„Was ist das?" rief er, sprang auf und erblickte eine Gestalt, die neben der Tür stand. „Wer ist da?"

„Nur ich", antwortete eine Stimme.

Oliver hob die Kerze über seinen Kopf und sah zur Tür. Es war Nancy. Oliver sah, dass sie sehr blass war und erkundigte sich sanft, ob sie krank sei. Das Mädchen warf sich mit dem Rü-

into a chair, with her back towards him and wrung her hands, but made no reply.

"God forgive me!" she cried after a while, "I never thought of this."

"Has anything happened?" asked Oliver. "Can I help you? I will if I can. I will, indeed."

The girl beat her hands upon her knees, and her feet upon the ground, and suddenly stopping, drew her shawl close round her, and shivered with cold. Oliver stirred the fire. Drawing her chair close to it, she sat there, for a little time, without speaking, but at length she raised her head, and looked round.

"I don't know what comes over me sometimes," said she, affecting to busy herself in arranging her dress, "it's this damp, dirty room, I think.

cken zu ihm auf einen Stuhl und rang die Hände, antwortete aber nicht.

„Gott vergib mir!" sie rief nach einer Weile, „daran habe ich nie gedacht."

„Ist etwas passiert?" fragte Oliver. „Kann ich dir helfen? Ich werde, wenn ich kann. Das werde ich in der Tat."

Das Mädchen schlug mit den Händen auf die Knie und mit den Füßen auf den Boden, hielt plötzlich inne, zog den Schal enger um sich und zitterte vor Kälte. Oliver schürte das Feuer. Sie rückte ihren Stuhl heran und saß eine Weile schweigend da, aber endlich hob sie den Kopf und sah sich um.

„Ich weiß nicht, was manchmal über mich kommt," sagte sie und gab vor, sich damit zu beschäftigen, ihr Kleid zu ordnen, „es ist dieses feuchte, schmutzige Zimmer, glaube ich. Nun, Liebes, bist du bereit?"

Now, dear, are you ready?"

"Am I to go with you?" asked Oliver.

"Yes, I have come from Bill," replied the girl. "You are to go with me." She continued very fast: "Remember this! If I could help you, I would, but I have not the power. They don't mean to harm you. Whatever they make you do, is no fault of yours. Give me your hand. Make haste! Your hand!"

She caught the hand which Oliver placed in hers, and, blowing out the light, drew him after her up the stairs. A cab was waiting. The girl pulled him in with her, and drew the curtains close. The driver asked no directions, but lashed his horse into full speed, without the delay of an instant. All was so quick and hurried, that Oliver had scarcely time to think where he was, or how

„Soll ich mit dir gehen?" fragte Oliver.

„Ja, ich komme von Bill", antwortete das Mädchen. „Du sollst mit mir gehen." Sie fuhr sehr schnell fort: „Erinnere dich daran! Wenn ich dir helfen könnte, würde ich es tun, aber ich habe nicht die Macht. Sie wollen dir nicht schaden. Was auch immer sie dich tun lassen, ist nicht deine Schuld. Gib mir deine Hand. Spute dich! Deine Hand!"

Sie ergriff Olivers Hand, die sie in ihre legte, und indem sie das Licht auspustete, zog sie ihn die Treppe hinauf hinter sich her. Ein Taxi wartete. Das Mädchen zog ihn mit sich hinein und zog die Vorhänge zu. Der Fahrer fragte nicht nach dem Weg, sondern peitschte sein Pferd ohne die Verzögerung eines Augenblicks auf Hochtouren. Alles war so schnell und hastig, dass Oliver kaum Zeit hatte, darüber nachzudenken, wo er war oder wie er

he came there, when the cab stopped.

For one brief moment, Oliver cast a quick glance along the empty street, and a cry for help hung upon his lips. But while he hesitated, the opportunity was gone, for he was already in the house, and the door was shut.

dorthin gekommen war, als das Taxi anhielt.

Für einen kurzen Moment warf Oliver einen schnellen Blick über die leere Straße, und ein Hilferuf hing auf seinen Lippen. Aber während er zögerte, war die Gelegenheit vorbei, denn er war bereits im Haus, und die Tür war geschlossen.

# CHAPTER 21

## On the Road
## Unterwegs

Sikes and Oliver walked fast until they had passed Hyde Park Corner. Sikes relaxed his pace, until an empty cart, which was at some little distance behind, came up. Seeing 'Hounslow' written on it, he asked the driver if he would give them a lift as far as Isleworth.

"Jump up," said the man. "Is that your boy?"

"Yes, he's my boy," replied Sikes, looking hard at Oliver.

"Your father walks rather too quick for you, doesn't he?" inquired the driver, seeing that Oliver was out of breath.

"Not a bit of it," replied Sikes, interposing. "He's used

Sikes und Oliver gingen schnell, bis sie die Hyde Park Corner passiert hatten. Sikes verlangsamte sein Tempo, bis ein leerer Karren, der in einiger Entfernung hinter ihm stand, auftauchte. Als er sah, dass „Hounslow" darauf geschrieben stand, fragte er den Fahrer, ob er sie bis Isleworth mitnehmen würde.

„Spring auf", sagte der Mann. „Ist das dein Junge?"

„Ja, er ist mein Junge", antwortete Sikes und sah Oliver scharf an.

„Dein Vater geht etwas zu schnell für dich, nicht wahr?" erkundigte sich der Fahrer, als er sah, dass Oliver außer Atem war.

„Nicht ein bisschen", antworte-

to it. Here, take my hand, Ned. In with you."

Thus addressing Oliver, be helped him into the cart, and the driver, pointing to a heap of sacks, told him to lie down there and rest himself.

te Sikes und mischte sich ein. „Er ist daran gewöhnt. Hier, nimm meine Hand, Ned. Rein mit dir."

So sprach er Oliver an, half ihm in den Karren, und der Fahrer zeigte auf einen Sackhaufen und sagte ihm, er solle sich dort hinlegen und ausruhen.

As they passed the different milestones, Oliver wondered more and more where his companion meant to take him. Kensington, Hammersmith, Chiswick, Kew Bridge, Brentford, were all passed, and yet they went on as steadily as if they

Als sie die verschiedenen Meilensteine passierten, fragte sich Oliver immer mehr, wohin ihn sein Begleiter führen wollte. Kensington, Hammersmith, Chiswick, Kew Bridge, Brentford wurden alle passiert, und doch fuhren sie so stetig weiter,

had only just began their journey.

At last they arrived at Shepperton, where Sikes led the way to Toby Crackit's house. While Oliver, tired and frightened, sat by the fire and dozed, the two men first had some supper, and then laid themselves down on chairs for a short nap. At half past one, the robbers got up, and prepared to go out. They took with them pistols, keys, lantern, and other things. It was very dark and foggy when the two men started out of the house, leading Oliver between them.

als hätten sie ihre Reise gerade erst begonnen.

Endlich kamen sie in Shepperton an, wo Sikes zu Toby Crackits Haus führte. Während Oliver müde und verängstigt am Feuer saß und döste, nahmen die beiden Männer erst etwas zu Abend zu sich und legten sich dann für ein kurzes Nickerchen auf Stühlen nieder. Um halb eins standen die Räuber auf und machten sich zum Ausgehen bereit. Sie nahmen Pistolen, Schlüssel, Laternen und andere Dinge mit. Es war sehr dunkel und neblig, als die beiden Männer aus dem Haus gingen und Oliver zwischen sich führten.

# CHAPTER 22

# The Burglary
# Der Einbruch

After walking about a quarter of a mile, they stopped before a house surrounded by a wall, to the top of which Toby Crackit climbed quickly.

"The boy next," said Toby. Before Oliver had time to look round, Sikes had caught him under the arms, and in three or four seconds he and Toby were lying on the grass on the other side. Sikes followed directly. And they stole cautiously towards the house.

And now, for the first time, Oliver, mad with terror, saw that housebreaking and robbery, if not murder, were the objects of the expedition. He clasped his hands together and uttered an exclamation of horror. A mist came before his eyes. The cold sweat stood up-

Nachdem sie ungefähr eine Viertelmeile gelaufen waren, hielten sie vor einem Haus an, das von einer Mauer umgeben war, auf deren Spitze Toby Crackit schnell kletterte.

„Der nächste Junge", sagte Toby. Bevor Oliver Zeit hatte, sich umzusehen, hatte Sikes ihn unter den Armen gepackt, und in drei oder vier Sekunden lagen er und Toby auf der anderen Seite im Gras. Sikes folgte direkt. Und sie stahlen sich vorsichtig zum Haus.

Und jetzt sah Oliver, wahnsinnig vor Schreck, zum ersten Mal, dass Einbruch und Raub, wenn nicht Mord, die Ziele der Expedition waren. Er faltete die Hände zusammen und stieß einen Entsetzensschrei aus. Ein Nebel stieg vor seine Augen. Der kalte Schweiß stand auf seinem

on his face. His legs failed him, and he sank upon his knees.

"Get up!" murmured Sikes, trembling with rage, and drawing the pistol from his pocket. "Get up!"

"For God's sake let me go!" cried Oliver, "Let me run away and die in the fields. I will never come near London; never, never! Oh, pray have mercy on me. For the love of all the bright Angels that rest in Heaven, have mercy upon me!"

Gesicht. Seine Beine versagten ihm und er sank auf die Knie.

„Steh auf!" murmelte Sikes, vor Wut zitternd, und die Pistole aus seiner Tasche ziehend. „Steh auf!"

„Um Gottes willen, lass mich gehen!" rief Oliver, „Lass mich weglaufen und auf den Feldern sterben. Ich werde nie in die Nähe von London kommen; Niemals! Oh, bitte sei mir gnädig. Für die Liebe all der strahlenden Engel, die im Himmel ruhen, erbarme dich meiner!"

Sikes, to whom this appeal was made, swore, and had pointed the pistol at the boy, when Toby, striking it from his

Sikes, an den dieser Appell gerichtet war, fluchte und hatte die Pistole auf den Jungen gerichtet, als Toby, sie ihm aus der

hand, placed his hand upon the boy's mouth, and dragged him to the house.

"Hush!" cried the man. "Here, Bill, break the shutter open."

After some delay, and some assistance from Toby, Sikes opened the shutter. It was a little window, about five feet and a half above the ground, at the back of the house. It was large enough to admit a boy of Oliver's size.

"Now listen," whispered Sikes, drawing a lantern from his pocket, and throwing the light on Oliver's face, "I'm going to put you through there. Take this light. Go softly up the steps, and along the little hall to the street-door, unfasten it, and let us in."

"There's a bolt at the top you won't be able to reach," interposed Toby. "Stand upon one of the hall chairs."

Hand schlug, seine Hand auf den Mund des Jungen legte und ihn zum Haus schleifte.

„Stille!" rief der Mann. „Hier, Bill, mach den Verschluss auf."

Nach einiger Verzögerung und etwas Hilfe von Toby öffnete Sikes den Verschluss. Es war ein kleines Fenster, etwa anderthalb Fuß über dem Boden, auf der Rückseite des Hauses. Es war groß genug, um einen Jungen von Olivers Größe aufzunehmen.

„Jetzt hör zu", flüsterte Sikes, zog eine Laterne aus der Tasche und richtete das Licht auf Olivers Gesicht, „ich werde dich da durch stecken. Nimm dieses Licht. Gehe leise die Stufen hinauf und durch die kleine Halle bis zur Straßentür, mache sie auf und lasse uns ein."

„Da oben ist ein Riegel, den du nicht erreichen kannst", warf Toby ein. „Stell dich auf einen der Stühle in der Halle."

Sikes put Oliver gently through the window with his feet first, and, without leaving hold of his collar, put him safely on the floor inside.

"Take this lantern," said Sikes, looking into the room. "You see the stairs?"

Oliver, more dead than alive, gasped out, "Yes." Sikes, pointing to the street-door with the pistol-barrel, briefly said that he was within shot all the way, and that if he faltered,

Sikes schob Oliver vorsichtig mit den Füßen voran durch das Fenster und stellte ihn drinnen sicher auf den Boden, ohne seinen Kragen loszulassen.

„Nimm diese Laterne", sagte Sikes und sah ins Zimmer. „Siehst du die Treppe?"

Oliver, mehr tot als lebendig, keuchte: „Ja." Sikes, der mit dem Pistolenlauf auf die Straßentür zeigte, sagte kurz, er sei die ganze Zeit über in Schussweite gewesen, und wenn er ins Stocken

he would fall dead that instant.

"It's done in a minute," said Sikes, in the same low whisper. "I leave go of you. Do your work quickly!"

"What's that?" whispered the other man.

They listened intently.

"Nothing," said Sikes, releasing his hold of Oliver.

"Now!"

gerate, würde er sofort tot umfallen.

„Es ist in einer Minute erledigt", sagte Sikes im selben leisen Flüstern. „Ich lasse dich los. Erledige deine Arbeit schnell!"

„Was ist das?" flüsterte der andere Mann.

Sie hörten aufmerksam zu.

„Nichts", sagte Sikes und ließ Oliver los.

„Jetzt!"

# CHAPTER 23

## Pursued!
## Verfolgt!

The boy had firmly decided that, whether he died in the attempt or not, he would make one effort to dart upstairs from the hall and alarm the family.

"Come back!" suddenly cried Sikes aloud. "Back! Back!"

Scared by the sudden breaking of the dead stillness of the

Der Junge hatte fest beschlossen, dass er, ob er bei dem Versuch starb oder nicht, einen Versuch unternehmen würde, aus der Halle nach oben zu eilen und die Familie zu alarmieren.

„Komm zurück!" plötzlich schrie Sikes laut. „Zurück! Zurück!"

Erschrocken durch das plötzliche Aufbrechen der toten Stille

place, and by a loud cry which followed it, Oliver let his lantern fall. He did not know what to do. The cry was repeated. A light appeared and two terrified half-dressed men at the top of the stairs swam before his eyes. After a flash and a loud noise, Oliver fell on the floor and smoke filled the room.

Sikes had disappeared for an instance, but he was up again, and had him by the collar before the smoke had cleared away. He fired his own pistol after the men, who were already retreating and dragged the boy up.

"Clasp your arm tighter," said Sikes, as he drew him through the window. "They've hit him. Quick! The boy bleeds!"

The boy was carried over uneven ground at a rapid pace.

des Ortes und durch einen lauten Schrei, der darauf folgte, ließ Oliver seine Laterne fallen. Er weiß nicht was zu tun ist. Der Schrei wurde wiederholt. Ein Licht erschien und zwei verängstigte halbbekleidete Männer am oberen Ende der Treppe schwammen vor seinen Augen. Nach einem Blitz und einem lauten Geräusch fiel Oliver zu Boden und Rauch erfüllte den Raum.

Sikes war für einen Moment verschwunden, aber er war wieder aufgestanden und hatte ihn am Kragen gepackt, bevor sich der Rauch verzogen hatte. Er feuerte mit seiner eigenen Pistole auf die Männer, die sich bereits zurückzogen, und zerrte den Jungen hoch.

„Halte deinen Arm fester", sagte Sikes, als er ihn durch das Fenster zog. „Sie haben ihn getroffen. Schnell! Der Junge blutet!"

Der Junge wurde in schnellem Tempo über unebenes Gelände getragen. Und dann verschwan-

And then, the noises disappeared in the distance; and a cold deadly feeling crept over the boy's heart; and he saw or heard no more. Sikes rested the body of the wounded boy across his bended knee, and turned his head, for an instance, to look back at his pursuers. There was little to see in the mist and darkness. But the loud shouting of men and the barking of the neighbouring dogs vibrated through the air.

"Stop!" cried the robber, shouting after Toby Crackit, who was already ahead. "Stop!"

The repetition of the word brought Toby to a dead standstill, because he knew it was dangerous to play with Sikes.

"Help me with the boy," Sikes cried furiously. "Come back!"

At this moment the noise grew louder. Sikes, again look-

den die Geräusche in der Ferne; und ein kaltes tödliches Gefühl kroch über das Herz des Jungen; und er sah und hörte nichts mehr. Sikes legte den Körper des verwundeten Jungen auf sein gebeugtes Knie und drehte für einen Moment den Kopf, um zu seinen Verfolgern zurückzublicken. Im Nebel und in der Dunkelheit war wenig zu sehen. Aber das laute Geschrei der Männer und das Bellen der Nachbarhunde vibrierte durch die Luft.

„Halt!" rief der Räuber und rief Toby Crackit hinterher, der schon voraus war. „Halt!"

Die Wiederholung des Wortes brachte Toby zum Stehen, weil er wusste, dass es gefährlich war, mit Sikes zu spielen.

„Hilf mir mit dem Jungen", rief Sikes wütend. „Komm zurück!"

In diesem Moment wurde das Geräusch lauter. Sikes, der sich wieder umsah, konnte sehen,

ing round, could see that the men were already climbing the gate of the field in which he stood, and that a couple of dogs were with them.

"It's all up, Bill!" cried Toby, "Show them your heels!"

With this advice, Mr. Crackit ran away at full speed. Sikes looked round and ran along the hedge to distract the attention of those behind, from the spot where the boy lay. He paused, for a second, and was gone.

dass die Männer bereits auf das Tor des Feldes kletterten, auf dem er stand, und dass ein paar Hunde bei ihnen waren.

„Es ist alles aus, Bill!" rief Tobi. „Zeig ihnen deine Sohlen!"

Mit diesem Rat lief Mr. Crackit mit voller Geschwindigkeit davon. Sikes sah sich um und rannte an der Hecke entlang, um die Aufmerksamkeit der Hintermänner von der Stelle abzulenken, wo der Junge lag. Er hielt für eine Sekunde inne und war weg.

# CHAPTER 24

## Who Is Afraid?
## Wer hat Angst?

"Pincher! Neptune! Come here!" cried a voice. The dogs readily answered to the command. Three men, who had by this time advanced some distance into the field, stopped to take counsel together.

"My advice is," said the

„Pincher! Neptun! Herkommen!" rief eine Stimme. Die Hunde antworteten bereitwillig auf den Befehl. Drei Männer, die inzwischen schon ein Stück weit ins Feld vorgedrungen waren, blieben stehen, um sich gemeinsam zu beraten.

„Mein Rat ist", sagte der größte

biggest man, "that we immediately go back home."

"I agree to anything which Mr. Giles agrees to," said a shorter man who was very pale in the face, and very polite as frightened men frequently are.

"You are afraid, Brittles," said Mr. Giles.

"I am not," said Brittles.

"You are," said Giles.

The third man brought the dispute to a close.

"I will tell you what it is, gentlemen," said he, "we're all afraid."

"Speak for yourself, sir," said Mr. Giles, who was the palest of the party.

"So I do," replied the man. "It's natural and proper to be afraid, under such circumstances. I am."

Mann, „dass wir sofort nach Hause gehen."

„Ich stimme allem zu, dem Mr. Giles zustimmt", sagte ein kleinerer Mann, der sehr blass im Gesicht und sehr höflich war, wie verängstigte Männer es häufig sind.

„Du hast Angst, Brittles", sagte Mr. Giles.

„Habe ich nicht", sagte Brittles.

„Hast du", sagte Giles.

Der dritte Mann beendete den Streit.

„Ich will Ihnen sagen, was es ist, meine Herren", sagte er, „wir haben alle Angst."

„Sprechen Sie für sich selbst, Herr", sagte Mr. Giles, der Blasseste der Gruppe.

„Das tue ich", antwortete der Mann. „Unter solchen Umständen ist es natürlich und angemessen, Angst zu haben. Ich habe sie."

"So am I," said Brittles.

These frank admissions softened Mr. Giles, who at once said that he was afraid, upon which, they all three turned and ran back again.

Mr. Giles acted in the double capacity of butler and steward to the old lady of the mansion, and Brittles was a lad of all work, who, having entered her service as a child, was treated as a promising young boy still, though he was something past thirty.

„Ich auch", sagte Brittles.

Diese offenen Eingeständnisse beruhigten Mr. Giles, der sofort sagte, dass er Angst habe, woraufhin sie sich alle drei umdrehten und wieder zurückliefen.

Mr. Giles fungierte in der doppelten Eigenschaft als Butler und Verwalter für die alte Dame des Herrenhauses, und Brittles war ein Bursche in allen Belangen, der, nachdem er als Kind in ihre Dienste getreten war, immer noch wie ein vielversprechender kleiner Junge behandelt wurde, obwohl er etwas über dreißig war.

# CHAPTER 25

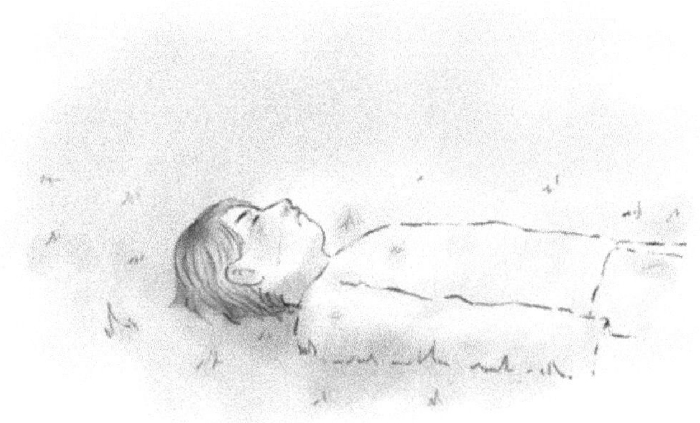

## Alone
## Allein

The air grew colder, as day came slowly on. The fog rolled along the ground like a cloud of smoke. The grass was wet. Oliver lay motionless on the spot where Sikes had left him. The rain came down, thick and fast. But Oliver did not feel it, for he still lay unconscious. At length the boy awoke. His left arm hung heavy at his side and his clothes was saturated with

Die Luft wurde kälter, als es langsam Tag wurde. Der Nebel rollte wie eine Rauchwolke über den Boden. Das Gras war nass. Oliver lag bewegungslos an der Stelle, wo Sikes ihn zurückgelassen hatte. Der Regen kam herunter, dick und schnell. Aber Oliver spürte es nicht, denn er lag immer noch bewusstlos da. Endlich erwachte der Junge. Sein linker Arm hing schwer an seiner Seite

blood. He was so weak, that he could not raise himself into a sitting posture. Then he tried again and groaned with pain. Oliver got upon his feet, and went. He reached a road. Here the rain began to fall heavily. He looked about, and saw that at no great distance there was a house, which he could reach. As he came nearer to this house, a feeling came over him that he had seen it before. He remembered nothing of its details, but the shape of the building seemed familiar to him.

That garden wall! On the grass inside, he had fallen on his knees last night and prayed for the two men's mercy. It was the very same house they had attempted to rob. He pushed against the garden-gate. It was unlocked and swung open. He went across the lawn, climbed the steps, and knocked at the door.

und seine Kleidung war blutgetränkt. Er war so schwach, dass er sich nicht in eine sitzende Haltung aufrichten konnte. Dann versuchte er es erneut und stöhnte vor Schmerz. Oliver stand auf und ging. Er erreichte eine Straße. Hier begann es stark zu regnen. Er sah sich um und sah, dass in nicht großer Entfernung ein Haus war, das er erreichen konnte. Als er sich diesem Haus näherte, überkam ihn das Gefühl, dass er es schon einmal gesehen hatte. Er erinnerte sich an keine Einzelheiten, aber die Form des Gebäudes kam ihm bekannt vor.

Diese Gartenmauer! Drinnen im Gras war er letzte Nacht auf die Knie gefallen und hatte um Gnade der beiden Männer gebetet. Es war dasselbe Haus, das sie auszurauben versucht hatten. Er stieß gegen das Gartentor. Es wurde entriegelt und aufgeklappt. Er ging über den Rasen, stieg die Stufen hinauf und klopfte an die Tür.

# CHAPTER 26

## Oliver Is Captured
## Oliver ist gefangen

"A boy!" Mr. Giles exclaimed opening the door. Brittles uttered a loud cry. Mr. Giles, seizing the boy by one leg and one arm (fortunately not the broken one), pulled him straight into the hall, and deposited him at full length on the floor.

„Ein Junge!" rief Mr. Giles und öffnete die Tür. Brittles stieß einen lauten Schrei aus. Mr. Giles packte den Jungen an einem Bein und einem Arm (glücklicherweise nicht am gebrochenen), zog ihn direkt in die Halle und setzte ihn der Länge nach auf den Boden.

"Here he is!" cried Giles, calling in a state of great excitement up the staircase, "Here's one of the thieves, Miss Rose! Wounded, miss! I shot him, and Brittles held the light."

"Giles," someone whispered from the top of the steps, "Keep your voice low, lest you frighten my aunt." A young woman rushed down the stairs. "Why, it's only a boy. Is he badly hurt?" Miss Rose said.

She examined the boy. "Just a boy, I say. One who hasn't been given a chance in life." She stood and spoke sternly to the servants. "Take him upstairs to Giles's room. Let him rest. Then run off and call on the doctor Losberne."

The aunt of Miss Rose, Mrs. Maylie, came. "This poor child could not have been a pupil of the robbers! He is too young," she said.

„Hier ist er!" rief Giles und rief in großer Aufregung die Treppe hinauf: „Hier ist einer der Diebe, Miss Rose! Verwundet, Fräulein! Ich habe auf ihn geschossen, und Brittles hat das Licht gehalten."

„Giles", flüsterte jemand oben auf der Treppe, „sei leise, damit du meine Tante nicht erschreckst." Eine junge Frau eilte die Treppe hinunter. „Warum, es ist nur ein Junge. Ist er schwer verletzt?" sagte Fräulein Rose.

Sie untersuchte den Jungen. „Nur ein Junge, sage ich. Einer, dem im Leben keine Chance gegeben wurde." Sie stand auf und sprach streng mit den Dienern. „Bring ihn nach oben in Giles' Zimmer. Lass ihn ruhen. Dann laufen Sie los und rufen Sie den Arzt Losberne an."

Die Tante von Miss Rose, Mrs. Maylie, kam. „Dieses arme Kind kann kein Schüler der Räuber gewesen sein! Er ist zu jung", sagte sie.

## New Friends for Oliver
## Neue Freunde für Oliver

Oliver didn't wake up until later that night. When he woke up, he told his sad story to the women.

"We must do something for him, he is a young orphan," said Miss Rose.

"Oh! Dear lady," cried Oliver, "if I could work for you! If I could only give you pleasure by watering your flowers, or watching your birds, or run-

Oliver wachte erst später in dieser Nacht auf. Als er aufwachte, erzählte er den Frauen seine traurige Geschichte.

„Wir müssen etwas für ihn tun, er ist ein junges Waisenkind", sagte Miss Rose.

„Oh! Liebe Dame," rief Oliver, „wenn ich für Sie arbeiten könnte! Wenn ich Ihnen nur Vergnügen bereiten könnte, indem ich Ihre Blumen gieße oder

ning up and down the whole day long to make you happy. What would I give to do it!"

"You will give nothing at all," said Miss Maylie, smiling, "for we will employ you in a hundred ways."

"Oh yes, ma'am, yes!" replied Oliver, eagerly, "but I was thinking that I am ungrateful now."

"To whom?" inquired the young lady.

"To the kind gentleman, and the dear old nurse, who took so much care of me before," answered Oliver. "If they knew how happy I am, they would be pleased, I am sure."

"I am sure they would. When you are well enough to bear the journey, doctor Losberne will carry you to see them."

"I cannot wait to see their kind faces once again!" cried Oliver, his face brightening

Ihre Vögel beobachte oder den ganzen Tag auf und ab laufe, um Sie glücklich zu machen. Was würde ich dafür geben!"

„Du wirst überhaupt nichts geben", sagte Miss Maylie lächelnd, „denn wir werden dich auf hundert Arten beschäftigen."

„Oh ja, gnädige Frau, ja!" antwortete Oliver eifrig, „aber ich dachte, dass ich jetzt undankbar bin."

„Zu wem?" fragte die junge Dame.

„An den freundlichen Herrn und die liebe alte Amme, die sich vorher so sehr um mich gekümmert hat", antwortete Oliver. „Wenn sie wüssten, wie glücklich ich bin, würden sie sich freuen, da bin ich mir sicher."

„Ich bin mir sicher, dass sie das tun würden. Wenn du gesund genug bist, um die Reise zu ertragen, wird Doktor Losberne dich zu ihnen tragen."

„Ich kann es kaum erwarten, ihre freundlichen Gesichter wie-

with pleasure.

One morning Olive and doctor Losberne set out, in a little carriage which belonged to Mrs. Maylie. As Oliver knew the name of the street in which Mr. Brownlow resided, they drove straight along the way. When the coach turned into that street, Oliver's heart beat so violently that he could scarcely draw his breath.

"Now, my boy, which house is it?" inquired Mr. Losberne.

"That! That!" replied Oliver, pointing eagerly out of the window. "The white house."

"Let's go see him then," suggested Dr. Losberne. But on getting to Mr Brownlow's house, they got the news that he had travelled to the West Indies with Mrs. Bedwin. Oliver was disappointed but there was nothing he could do.

derzusehen!" rief Oliver, sein Gesicht hellte sich vor Freude auf.

Eines Morgens brachen Olive und Doktor Losberne in einem kleinen Wagen auf, der Mrs. Maylie gehörte. Da Oliver den Namen der Straße kannte, in der Mr. Brownlow wohnte, fuhren sie geradeaus weiter. Als die Kutsche in diese Straße einbog, schlug Olivers Herz so heftig, dass er kaum Luft bekam.

„Nun, mein Junge, welches Haus ist es?" erkundigte sich Herr Losberne.

„Das! Das!" erwiderte Oliver und zeigte eifrig aus dem Fenster. „Das weiße Haus."

„Dann gehen wir mal zu ihm", schlug Dr. Losberne vor. Aber als sie bei Mr. Brownlows Haus ankamen, erhielten sie die Nachricht, dass er mit Mrs. Bedwin nach Westindien gereist war. Oliver war enttäuscht, aber er konnte nichts tun.

# CHAPTER 28

## A Happy Time for Oliver
## Eine glückliche Zeit für Oliver

Oliver, who spent a lot of time among criminals, seemed to enter on a new life there. Nearby was a little churchyard, full of humble mounds covered with fresh turf and moss, beneath which the old people of the village lay at rest. Oliver often wandered here and, thinking on the wretched grave in which his mother lay, would

Oliver, der viel Zeit unter Kriminellen verbrachte, schien dort ein neues Leben zu beginnen. In der Nähe war ein kleiner Kirchhof voller bescheidener Hügel, die mit frischem Torf und Moos bedeckt waren, unter denen die alten Leute des Dorfes ruhten. Oliver wanderte oft hierher, und wenn er an das elende Grab dachte, in dem seine Mutter lag, setzte er sich manchmal

sometimes sit him down and sob unseen. But when he raised his eyes to the deep sky overhead, he would cease to think of her as lying in the ground, and would weep for her, sadly, but without pain.

It was a happy time. The days were peaceful. The nights brought with them neither fear nor care, nothing but pleasant and happy thoughts. Every morning he went to a white-headed old gentleman, who lived near the little church who taught him to read better and to write, and who spoke so kindly. Then Oliver would walk with Mrs. Maylie and Rose, and hear them talk of books, or perhaps sit near them, in some shady place, and listen whilst the young lady read, until it grew too dark to see the letters.

Then he had his own lesson

hin und schluchzte ungesehen. Aber wenn er seine Augen zum tiefen Himmel über sich erhob, würde er aufhören, sie als im Boden liegend zu sehen, und würde traurig, aber ohne Schmerz um sie weinen.

Es war eine glückliche Zeit. Die Tage waren friedlich. Die Nächte brachten weder Angst noch Sorge, nichts als angenehme und glückliche Gedanken. Jeden Morgen ging er zu einem weißhaarigen alten Herrn, der in der Nähe der kleinen Kirche wohnte, der ihm beibrachte, besser zu lesen und zu schreiben, und der so freundlich sprach. Dann ging Oliver mit Mrs. Maylie und Rose spazieren und hörte sie über Bücher reden oder saß vielleicht neben ihnen an einem schattigen Platz und hörte zu, während die junge Dame las, bis es zu dunkel wurde, um die Buchstaben zu sehen.

Dann hatte er seine eigene Stunde für den nächsten Tag

for the next day to prepare, and at this he would work hard, in a little room which looked into the garden, till evening came slowly on. Then the ladies would walk out again, and he with them, listening with such pleasure to all they said and happy if they wanted a flower that he could climb to reach, or had forgotten anything he could run to fetch. When it became quite dark, and they returned home, the young lady would sit down to the piano and play some pleasant air, or sing, in a gentle voice, some old song which pleased her aunt so much. There would be no candles lighted at such times as these, and Oliver would sit by one of the windows, listening to the sweet music.

So, three months glided away. One night, Rose received a surprise visit from

vorzubereiten, und daran arbeitete er in einem kleinen Zimmer, das in den Garten blickte, bis es langsam Abend wurde. Dann gingen die Damen wieder hinaus und er mit ihnen, hörte mit solchem Vergnügen allem zu, was sie sagten, und freute sich, wenn sie eine Blume wollten, die er erklimmen konnte, oder etwas vergessen hatte, das er holen konnte. Wenn es ganz dunkel wurde und sie nach Hause zurückkehrten, setzte sich die junge Dame ans Klavier und spielte eine angenehme Melodie oder sang mit sanfter Stimme ein altes Lied, das ihrer Tante so sehr gefiel. Zu solchen Zeiten würden keine Kerzen angezündet werden, und Oliver würde an einem der Fenster sitzen und der süßen Musik lauschen.

So vergingen drei Monate. Eines Nachts erhielt Rose überraschend Besuch von Nancy, einem Mitglied von Fagins Gang. Nancy

Nancy, a member of Fagin's gang. Nancy spilled to her Fagin's plot to take over Oliver. The plot was made with a man called Monks, who called himself Oliver's brother.

erzählte ihr Fagins Plan, Oliver zu sich zu nehmen. Die Verschwörung wurde mit einem Mann namens Monks gemacht, der sich als Olivers Bruder ausgab.

# CHAPTER 29

## A Happy Meeting
## Ein glückliches Treffen

A few days later, Oliver rushed into the house in an excitement. Mr. Brownlow was back to town.

"Hurry, let's go see him," Rose said excitedly. Quickly, they set out to Mr. Brownlow's house. It was a happy reunion. Mr. Brownlow carried the boy in his arms,

Ein paar Tage später stürmte Oliver aufgeregt ins Haus. Mr. Brownlow war zurück in der Stadt.

„Beeil dich, lass uns zu ihm gehen", sagte Rose aufgeregt. Schnell machten sie sich auf den Weg zu Mr. Brownlows Haus. Es war ein freudiges Wiedersehen. Mr. Brownlow trug den Jungen in seinen Armen und lachte fröhlich. Er

laughing cheerfully. He called on Mrs. Bedwin, who cried in joy when she set her eyes on Oliver.

"I knew my good, fair boy would be back. Look at you! In fancy clothes!"

It was a joyous reunion indeed.

When Rose had the chance, she spoke to Mr. Brownlow about Nancy's visit. Together with Mr. Brownlow and Mrs. Bedwin, they made a plan to get justice for Oliver. Mr. Brownlow and Rose met with Nancy to inquire about what Monks looked like. Nancy described him and told them where to find him. Rose offered Nancy a place to leave, but she refused. Nancy left to go back to Sikes, promising to see them again.

"Bad news for us. One of

besuchte Mrs. Bedwin, die vor Freude weinte, als sie Oliver ansah.

„Ich wusste, dass mein guter, fairer Junge zurückkommen würde. Sieh dich an! In schicker Kleidung!"

Es war wirklich ein freudiges Wiedersehen.

Als Rose die Gelegenheit hatte, sprach sie mit Mr. Brownlow über Nancys Besuch. Zusammen mit Mr. Brownlow und Mrs. Bedwin schmiedeten sie einen Plan, um Oliver gerecht zu werden. Mr. Brownlow und Rose trafen sich mit Nancy, um sich zu erkundigen, wie Monks aussah. Nancy beschrieb ihn und sagte ihnen, wo sie ihn finden könnten. Rose bot Nancy einen Platz zur Flucht an, aber sie lehnte ab. Nancy ging, um zu Sikes zurückzukehren, und versprach, sie wiederzusehen.

„Schlechte Nachrichten für uns. Einer unserer Jungs ist im Gefängnis", berichtete ihm einer von Fag-

our boys is in jail," one of Fagin's boys reported to him. "The Artful Dodger got caught stealing a silver box."

"He is the best of us," said Fagin. "He'll manage to get out of jail."

Dodger was brought before the judge but he denied the crime. He was sent back to jail by the judge. A few days later, Nancy was found dead. She was killed by Sikes when he learnt of her visit to Miss Rose and Mr. Brownlow. In a few weeks Fagin was caught by the police. The same week Sikes jumped to his death trying to escape.

ins Jungs. „Der Artful Dodger wurde dabei erwischt, wie er eine silberne Kiste stahl."

„Er ist der Beste von uns", sagte Fagin. „Er wird es schaffen, aus dem Gefängnis herauszukommen."

Dodger wurde vor den Richter gebracht, aber er bestritt das Verbrechen. Er wurde vom Richter ins Gefängnis zurückgeschickt. Ein paar Tage später wurde Nancy tot aufgefunden. Sie wurde von Sikes getötet, als er von ihrem Besuch bei Miss Rose und Mr. Brownlow erfuhr. Innerhalb weniger Wochen wurde Fagin von der Polizei gefasst. In derselben Woche sprang Sikes bei einem Fluchtversuch in den Tod.

# CHAPTER 30



## Monks
## Monks

Two days after the death of Sikes, Oliver was brought by Mr. Brownlow back to the town where he was born. He was accompanied by Mrs. Bedwin, Dr. Losberne, Rose, and Mrs. Maylie. They were led to a hotel where they met Monks.

Mr. Brownlow was able to force from Monks the admission that he was living under a false name, and that Oliver was his half-brother. Monks told them the real story of Oliver's birth.

"My father became very ill and died in Rome. When he died, my mother, whom he long divorced, found two papers that were meant for Mr.

Zwei Tage nach dem Tod von Sikes wurde Oliver von Mr. Brownlow zurück in die Stadt gebracht, in der er geboren wurde. Begleitet wurde er von Mrs. Bedwin, Dr. Losberne, Rose und Mrs. Maylie. Sie wurden zu einem Hotel geführt, wo sie Monks trafen.

Mr. Brownlow konnte von Monks das Eingeständnis erzwingen, dass er unter einem falschen Namen lebte und dass Oliver sein Halbbruder war. Mönche erzählten ihnen die wahre Geschichte von Olivers Geburt.

„Mein Vater wurde sehr krank und starb in Rom. Als er starb, fand meine Mutter, von der er lange geschieden war, zwei Papiere, die für Mr. Brownlow bestimmt waren. Ein Papier war ein

Brownlow. One paper was a letter to Agnes. Agnes was your mother, Oliver. The letter was to remind Agnes that he had given her a locket with her name inscribed. No last name was engraved so his last name would go on it once she accepted his marriage proposal. There was a ring of gold inside the locket," Monks narrated.

"The second letter was a will. The will left my mother and me each eight hundred pounds. My father's property was to be divided between my mother and Agnes. If the child Agnes carried was a boy, he would get an inheritance only if he remained good. If he broke the law or brought dishonour to the family name, he would get nothing."

"Now I see," said Mr. Brownlow, "Monks here wanted to turn Oliver into a crimi-

Brief an Agnes. Agnes war deine Mutter, Oliver. Der Brief sollte Agnes daran erinnern, dass er ihr ein Medaillon mit ihrem eingravierten Namen geschenkt hatte. Es war kein Nachname eingraviert, also würde sein Nachname darauf stehen, sobald sie seinen Heiratsantrag angenommen hatte. Im Inneren des Medaillons befand sich ein goldener Ring", erzählte Monks.

„Der zweite Brief war ein Testament. Das Testament hinterließ meiner Mutter und mir je achthundert Pfund. Das Vermögen meines Vaters sollte zwischen meiner Mutter und Agnes aufgeteilt werden. Wenn das Kind, das Agnes trug, ein Junge war, würde er nur dann ein Erbe bekommen, wenn er brav blieb. Wenn er das Gesetz brach oder den Familiennamen entehrte, würde er nichts bekommen."

„Jetzt verstehe ich", sagte Mr. Brownlow, „Monks hier wollten Oliver in einen Verbrecher ver-

nal. He wanted the inheritance all to himself."

Oliver wept as he listened.

"My mother shared all of these secrets with me as she lay on her death bed," Monks continued. "She believed a boy had been born to Agnes. I promised her I would find this child, hunt him down, and bring evil to him. If I found him, I'd make sure he ruts in jail."

Everyone gasped. But that wasn't all. Rose turned out to be the younger sister of Oliver's mother.

Oliver squeezed Rose's hand once again. "You are my Aunt! Rose! You are my Aunt."

The picture in Mr. Brownlow's room, which Oliver had seen during his illness, was his mother's portrait. It had been given to Mr. Brownlow by an

wandeln. Er wollte das Erbe ganz für sich allein."

Oliver weinte, als er zuhörte.

„Meine Mutter teilte all diese Geheimnisse mit mir, als sie auf ihrem Sterbebett lag", fuhr Monks fort. „Sie glaubte, Agnes sei ein Junge geboren worden. Ich habe ihr versprochen, dass ich dieses Kind finden, ihn jagen und ihm Böses bringen würde. Wenn ich ihn finde, würde ich dafür sorgen, dass er im Gefängnis sitzt."

Alle schnappten nach Luft. Aber das war noch nicht alles. Rose entpuppte sich als die jüngere Schwester von Olivers Mutter.

Oliver drückte noch einmal Roses Hand. „Du bist meine Tante! Rose! Du bist meine Tante."

Das Bild in Mr. Brownlows Zimmer, das Oliver während seiner Krankheit gesehen hatte, war das Porträt seiner Mutter. Es war Mr. Brownlow von einem alten

old friend, who proved to be Oliver's father.

Mr. Brownlow made Monks sign a document promising to never go after Oliver anymore. But it didn't last long. Soon, Monks landed back in prison and was sentenced to death. Fagin too was sentenced to death by the judge.

Freund gegeben worden, der sich als Olivers Vater herausstellte.

Mr. Brownlow ließ Monks ein Dokument unterschreiben, in dem er versprach, Oliver nie mehr zu verfolgen. Aber es dauerte nicht lange. Bald landete Monks wieder im Gefängnis und wurde zum Tode verurteilt. Auch Fagin wurde vom Richter zum Tode verurteilt.

# Closing Words
# Schlussworte

The fortunes of those who have figured in this tale are nearly closed. The little that remains to relate is told in few and simple words.

Before three months had passed, Rose and Harry Maylie were married in the village church.

Mr. Brownlow adopted Oliver as his own son.

Mr. and Mrs. Bumble finally became paupers in that very same workhouse in which they had once lorded it over others.

All of Fagin's gang went to jail except Charley Bates. He started to live an honest life as a farmer.

Die Schicksale derjenigen, die in dieser Geschichte eine Rolle gespielt haben, sind fast geschlossen. Das Wenige, was zu erzählen bleibt, wird in wenigen und einfachen Worten erzählt.

Bevor drei Monate vergangen waren, heirateten Rose und Harry Maylie in der Dorfkirche.

Mr. Brownlow adoptierte Oliver als seinen eigenen Sohn.

Mr. und Mrs. Bumble wurden schließlich zu Bettlern in genau demselben Arbeiterhaus, in dem sie einst über andere geherrscht hatten.

Die ganze Bande von Fagin ging ins Gefängnis, außer Charley Bates. Er begann ein ehrliches Leben als Bauer zu führen.

Within the grounds of the village church, near Oliver's home, stands a white marble tablet. It bears just one word: Agnes. It was built to honour a mother who loved her child, if even for a few brief moments. That child, Oliver Twist, visited the tablet each day to honour the mother he never knew but loved with all his heart.

Auf dem Gelände der Dorfkirche, in der Nähe von Olivers Haus, steht eine weiße Marmortafel. Es trägt nur ein Wort: Agnes. Sie wurde gebaut, um eine Mutter zu ehren, die ihr Kind liebte, wenn auch nur für ein paar kurze Momente. Dieses Kind, Oliver Twist, besuchte jeden Tag die Tafel, um die Mutter zu ehren, die er nie kannte, aber von ganzem Herzen liebte.